# SAINT

# FRANÇOIS XAVIER

## APÔTRE DES INDES

### d'après l'abbé BOUHOURS

LIBRAIRIE DE J. LEFORT

IMPRIMEUR, ÉDITEUR

LILLE | PARIS

rue Charles de Muyssart, 21 | rue des Saints-Pères, 30

231
1877

# SAINT

# FRANÇOIS XAVIER

In-8°. 5e série.

Oo
799
B

Xavier le suivit, et s'offrit de porter sa malle.

# SAINT

# FRANÇOIS XAVIER

## APÔTRE DES INDES

### D'APRÈS LE P. BOUHOURS

2e ÉDITION

LIBRAIRIE DE J. LEFORT

IMPRIMEUR, ÉDITEUR

LILLE | PARIS
rue Charles de Muyssart, 21 | rue des Saints-Pères, 30.

1877

Propriété et droit de traduction réservés.

# SAINT

# FRANÇOIS XAVIER

## LIVRE I

J'entreprends d'écrire la vie d'un saint qui a renouvelé, à l'époque où il a vécu, ce qui s'est fait de plus merveilleux à la naissance de l'Eglise, et qui a été lui-même une preuve vivante de la vérité du christianisme.

Dans chaque siècle, la Providence a suscité des prédicateurs animés de l'Esprit-Saint, qui, tenant leur mission des successeurs des Apôtres, ont porté le flambeau de la foi dans de nouvelles contrées, pour étendre le royaume de Jésus-Christ. Parmi ceux qui, dans le seizième siècle, travaillèrent avec le plus de succès à ce grand ouvrage, on doit donner la première place à saint François Xavier, ce thaumaturge des derniers temps que le pape Urbain VIII appelle, à juste titre, l'*Apôtre des Indes*.

Il naquit le 7 avril 1506, au château de Xavier, dans la Navarre, à huit lieues de Pampelune. D. Jean de Jasso, son père, était un des principaux conseillers d'État de Jean d'Albret, troisième du nom, roi de Navarre. Sa mère était héritière des illustres maisons d'Azpilcueta et de Xavier. Ils eurent plusieurs enfants, dont les aînés portèrent le surnom d'Azpilcueta. On donna à François, le plus jeune de tous, celui de Xavier.

Il apprit les premiers éléments de la langue latine dans la maison paternelle, et il puisa, au sein d'une famille vertueuse, de grands sentiments de piété. Il était, dès son enfance, d'un caractère doux, gai, complaisant; ce qui le faisait aimer de tout le monde. On découvrait en lui un génie rare et une pénétration singulière. Avide d'apprendre, il s'appliquait à l'étude avec ardeur, et il ne voulut point embrasser la profession des armes comme ses frères. Lorsqu'il eut atteint sa dix-huitième année, ses parents l'envoyèrent à l'université de Paris, qui était regardée comme la première école du monde.

Il entra au collège de Sainte-Barbe et fit son cours de philosophie avec grand succès. Les applaudissements qu'il recevait de toutes parts flattaient agréablement sa vanité, car il ne trouvait rien de criminel dans cette passion; il la regardait même comme une émulation louable et nécessaire pour faire fortune dans le monde. Son cours de philosophie achevé, il fut reçu maître-ès-arts, et il enseigna lui-même cette science au collège de Beauvais; mais il continua de demeurer dans celui de Sainte-Barbe.

Saint Ignace, étant venu à Paris en 1528 pour finir ses études, se mit en pension dans le même collège. Il méditait alors le projet de former une société savante qui se dévouât tout entière au salut du prochain. Vivant avec Pierre Lefèvre, de la Savoie, et avec François Xavier, il les jugea propres à remplir ses vues.

Il ne lui fut pas difficile de gagner le premier, qui

n'avait point d'attachement pour le monde. Mais François, dont la tête était remplie de pensées ambitieuses, rejeta avec dédain la proposition d'Ignace ; il le raillait même en toute occasion ; il tournait en ridicule la pauvreté dans laquelle il vivait, et la traitait de bassesse d'âme. Ses mépris n'affectaient point Ignace ; il les supportait avec douceur et avec un air gai, se contentant de répéter de temps en temps cette maxime de l'Evangile : « Que sert à un homme de gagner tout l'univers, et de perdre son âme ? » Tout cela ne fit point d'impression sur Xavier.

Ébloui par la vaine gloire, il se faisait de faux principes pour concilier l'amour du monde avec le christianisme. Ignace le prit par son faible ; il se mit à louer son savoir et ses talents ; il applaudissait à ses leçons et cherchait l'occasion de lui procurer des écoliers. Ayant appris un jour que sa bourse était épuisée, il lui offrit de l'argent, qui fut accepté.

Xavier avait l'âme généreuse et fut très-touché de ce procédé. Considérant ensuite la naissance d'Ignace, il ne put douter qu'il n'agît par un motif supérieur dans le genre de vie qu'il avait embrassé. Il vit donc Ignace avec d'autres yeux et l'écouta avec attention.

Les luthériens avaient alors des émissaires à Paris pour répandre secrètement leurs erreurs parmi les étudiants de l'université ; ces émissaires présentaient leurs dogmes d'une manière si plausible, que Xavier, naturellement curieux, prenait plaisir à les écouter. Ignace vint à son secours et empêcha l'effet de la séduction.

Xavier rapporte ainsi lui-même, dans une lettre à son frère aîné, le service éminent qu'Ignace lui rendit en cette occasion.

« Non-seulement il m'a secouru par lui-même et par

ses amis dans les nécessités où je me suis trouvé, mais, ce qui est bien plus important, il m'a retiré des occasions que j'ai eues de faire amitié avec des gens de mon âge, pleins d'esprit et de politesse, qui ne respiraient que l'hérésie et qui cachaient la corruption de leur cœur sous des dehors agréables. Lui seul a rompu des commerces si dangereux où je m'engageais imprudemment, et m'a empêché de suivre ma facilité naturelle, en me découvrant les piéges que l'on me tendait. Quand don Ignace ne m'aurait rendu que ce service, je ne sais comment je pourrais m'acquitter envers lui, ni même lui témoigner ma reconnaissance ; car enfin, sans lui, je ne me serais jamais défendu de ces jeunes hommes, très-honnêtes en apparence et très-corrompus dans le fond le l'âme. »

On peut conclure, d'un témoignage aussi authentique, que Xavier, bien loin de porter la foi à des peuples idolâtres, l'aurait peut-être perdue, s'il n'était tombé entre les mains d'un compagnon du caractère d'Ignace, qui abhorrait tout ce qui sentait l'hérésie, et qui avait un discernement admirable pour reconnaître les hérétiques, sous quelques masques qu'ils cherchassent à se cacher.

Ce n'était pas assez de préserver Xavier de l'erreur, il fallait le détacher tout à fait du monde. Ayant un jour trouvé Xavier plus docile qu'à l'ordinaire, il lui répéta ces paroles avec plus de force que jamais : « Que sert à un homme de gagner tout l'univers, et de perdre son âme ? »

Il lui dit ensuite qu'un cœur aussi noble et aussi grand que le sien ne devait pas se borner aux vains honneurs de la terre, que la gloire seule du ciel était l'objet légitime de son ambition, et que le bon sens voulait qu'on préférât ce qui dure éternellement à ce qui passe comme un songe.

Après bien des combats intérieurs, vaincu par la force des vérités éternelles, Xavier prit une ferme résolution de vivre selon les maximes de l'Evangile et de marcher sur les pas de celui qui lui avait fait connaître son égarement.

Il se mit donc sous la conduite d'Ignace, qui le fit avancer à grands pas dans les voies de la perfection. Il apprit à vaincre sa passion dominante, à s'humilier, à se mortifier ; et lorsque les vacances furent arrivées, il fit les exercices spirituels suivant la méthode de son saint ami.

Déjà il ne se reconnaissait plus lui-même ; l'humilité de la croix lui paraissait préférable à toute la gloire du monde. Pénétré des plus vifs sentiments de componction, il voulut faire une confession de toute sa vie ; il forma le dessein de glorifier le Seigneur par tous les moyens possibles et de consacrer le reste de son existence au salut des âmes. Après avoir, suivant l'usage de l'université, enseigné la philosophie trois ans et demi, il se mit à l'étude de la théologie par le conseil de son directeur.

Le jour de l'Assomption de l'année 1534, Ignace, avec six compagnons du nombre desquels était Xavier, se rendit à Montmartre. Ils y firent tous vœu de visiter la terre sainte et de travailler à la conversion des infidèles, ou, si cette entreprise ne pouvait avoir lieu, d'aller se jeter aux pieds du Pape et de lui offrir leurs services pour s'employer aux bonnes œuvres qu'il jugerait à propos de leur désigner. Trois nouveaux compagnons se joignirent bientôt à eux. Tous finirent leur théologie l'année suivante ; et le 15 novembre 1536, ils partirent de Paris, au nombre de neuf, pour aller à Venise. Saint Ignace, qui s'était rendu d'Espagne en cette ville, les y attendait.

Ils traversèrent une partie de l'Allemagne à pied, malgré les rigueurs de l'hiver qui était extrêmement froid cette année. Xavier, pour se punir de la complaisance que lui avait inspirée autrefois son agilité à la course et à de semblables exercices du corps, s'était lié les bras et les cuisses avec de petites cordes. Le mouvement lui enfla les cuisses, et les cordes entrèrent s. avant dans la chair qu'on ne les voyait presque plus. Quelque vives que furent ses douleurs, il les supporta avec patience ; mais il se vit bientôt dans l'impossibilité de marcher, et il ne put cacher plus longtemps la cause de l'état où il se trouvait. Ses compagnons appelèrent un chirurgien, qui déclara qu'il y avait du danger à faire des incisions, et qu'au reste le mal était incurable. Lefèvre, Laynez et les autres passèrent la nuit en prières, et le lendemain matin Xavier trouva que les cordes étaient tombées. Ils rendirent tous grâces au Seigneur et continuèrent leur route.

Ils arrivèrent à Venise le 8 janvier 1537, et eurent beaucoup de consolation en revoyant saint Ignace. Ils se distribuèrent aussitôt dans les deux hôpitaux de la ville, afin d'y servir les pauvres jusqu'au moment où ils s'embarqueraient pour la Palestine. Xavier était à l'hôpital des incurables. Après avoir employé le jour à rendre aux malades les services les plus humiliants, il passait la nuit en prières ; il s'attachait de préférence aux pauvres qui avaient des maladies contagieuses ou des plaies dégoûtantes.

Deux mois se passèrent dans ces pieux exercices ; après quoi ils se mirent en chemin pour Rome, sauf Ignace, qui demeura seul à Venise. Ils eurent beaucoup à souffrir durant leur voyage ; les pluies furent continuelles, et le pain leur manqua souvent. Lorsque leurs forces étaient épuisées, Xavier animait les autres, et se soutenait lui-même par l'esprit apostolique dont Dieu le remplit dès lors, et qui lui faisait aimer les fatigues et les souffrances.

Arrivé à Rome, son premier soin fut de visiter les églises et de se consacrer au ministère évangélique sur le sépulcre même des saints Apôtres. Il eut occasion de parler plusieurs fois devant le Pape, qui bénit ces nouveaux ouvriers que le Seigneur envoyait à sa vigne.

De retour à Venise, Xavier fut ordonné prêtre le jour de saint Jean-Baptiste 1537, et tous firent vœu de chasteté, de pauvreté et d'obéissance entre les mains du nonce.

Cependant Ignace envoya l'ordre à ses compagnons de se rendre à Vicence. Xavier les rejoignit après une retraite de quarante jours, et il y dit sa première messe, avec une telle abondance de larmes, qu'il fit pleurer tous ceux qui y assistèrent. Il se livra ensuite aux exercices de la charité et aux fonctions du saint ministère à Bologne.

Ignace fit venir Xavier à Rome dans le carême de l'année suivante. Tous les Pères de la Compagnie naissante s'y étaient assemblés pour délibérer sur la fondation de leur ordre. Leurs délibérations furent accompagnées de prières, de larmes, de veilles, de pénitences austères. Comme il s'était écoulé un an sans qu'ils trouvassent l'occasion de passer en Palestine, et que l'exécution de leur projet était devenue impraticable à cause de la guerre qui venait de s'allumer entre les Vénitiens et les Turcs, ils offrirent leurs services au Pape, en le priant de les employer de la manière qu'il jugerait la plus utile au salut du prochain. Leurs offres furent acceptées; ils eurent ordre de prêcher dans Rome jusqu'à ce que Sa Sainteté en eût autrement décidé. Xavier exerça d'abord son ministère dans l'église de Saint-Laurent *in Damaso*. Il prêcha avec plus de vigueur et de véhémence que jamais, et opéra bien des conversions.

La famine, qui désola Rome alors, fournit à ces généreux prêtres l'occasion de soulager une infinité de misérables qui languissaient sans aucun secours sur les places de la ville. Xavier fut le plus ardent à leur chercher des lieux de retraite et à leur procurer des aumônes pour les faire subsister. Il les portait lui-même sur ses épaules aux maisons qui leur étaient destinées, et leur y rendait tous les services imaginables.

Govéa, Portugais, qui avait été principal du collége de Sainte-Barbe à Paris, se trouvait alors à Rome. Jean III, roi de Portugal, l'y avait envoyé pour quelques affaires très-importantes. Il avait connu à Paris Ignace, Xavier et Lefèvre, et il se souvenait des grands exemples de vertus qu'ils avaient donnés. Frappé du bien qu'ils faisaient à Rome, il écrivit au roi, son maître, que des hommes si éclairés, si humbles, si charitables, si zélés, si infatigables, si avides de croix, et qui ne se proposaient que la gloire de Dieu, étaient propres à aller planter la foi dans les Indes orientales. Cette lettre fit grand plaisir au prince. Il chargea don Pedro Mascaregnas, son ambassadeur à Rome, de lui obtenir six de ces hommes apostoliques pour la mission dont avait parlé Govéa. Saint Ignace n'en put accorder que deux; il désigna Simon Rodriguez, Portugais, et Nicolas Bobadilla, Espagnol. Le premier partit sans délai pour Lisbonne; le second, qui ne devait partir qu'avec l'ambassadeur, tomba malade.

Ignace, voyant Bobadilla hors d'état de se mettre en chemin, pensa devant Dieu à remplir sa place, ou plutôt à choisir celui que Dieu même avait élu. Un rayon céleste l'éclaira d'abord et lui fit connaître que François Xavier était ce vaisseau d'élection. Il lui communiqua donc ses intentions, et Xavier, attendri et confus, déclara, les larmes aux yeux et la rougeur au front, qu'il ne pouvait assez s'étonner qu'on pensât à un homme aussi faible et aussi lâche que lui pour un emploi qui ne demandait pas moins qu'un apôtre; qu'il était pourtant prêt à obéir aux ordres du Ciel, et qu'il s'offrait de bon cœur pour le salut des Indiens. Ensuite, faisant éclater la joie qu'il sentait au fond de l'âme, il dit confidemment à son père Ignace que ses vœux étaient accomplis; que depuis longtemps il soupirait après les Indes sans oser le dire, et qu'il espérait de recevoir dans les terres idolâtres la grâce de mourir pour Jésus-Christ.

François ajouta, dans le transport de sa joie, qu'il voyait clairement ce que Dieu lui avait montré plusieurs fois sous des figures mystérieuses.

Il avait vu, une fois entre autres, durant son sommeil ou dans une extase, de vastes mers pleines de tempêtes et d'écueils, des îles désertes, des terres barbares, et partout la faim, la soif et la nudité, avec des travaux infinis, des persécutions sanglantes et des dangers de mort évidents. A cette vue, il s'écria : « Encore plus, Seigneur, encore plus! » Le P. Simon Rodriguez entendit distinctement ces paroles; mais quelque instance qu'il fît pour savoir ce qu'elles signifiaient, il ne le sut point alors, et Xavier ne lui en révéla le mystère qu'en s'embarquant pour les Indes.

Comme Xavier ne fut averti pour le voyage des Indes que la veille du départ de Mascaregnas, il n'eut que le temps qu'il fallait pour faire raccommoder sa soutane, dire adieu à ses amis et aller baiser les pieds du Saint-Père.

Paul III, ravi de voir, sous son pontificat, la porte ouverte à l'Évangile dans les Indes orientales, le reçut avec une bonté toute paternelle, et l'excita à prendre des sentiments dignes d'une si haute entreprise, lui disant,

pour l'encourager, que la Sagesse éternelle nous donne
toujours de quoi remplir les emplois qu'elle nous
destine, quand même ils seraient au-dessus des forces
humaines; qu'à la vérité il trouverait bien des occasions
de souffrir, mais que les affaires de Dieu ne réussissaient
que par la voie des souffrances, et qu'on ne devait pré-
tendre à l'honneur de l'apostolat qu'en suivant les traces
des Apôtres, dont la vie avait été une croix et une mort
continuelles; que le Ciel l'envoyait sur les pas de l'apôtre
des Indes, saint Thomas, à la conquête des âmes; qu'il
travaillât généreusement à faire revivre la foi dans les
terres où ce grand apôtre l'avait plantée, et que, s'il lui
fallait répandre son sang pour la gloire de Jésus-Christ,
il s'estimât heureux de mourir martyr.

Il semble que Dieu ait parlé lui-même par la bouche
de son vicaire, tant ces paroles firent d'impression sur
l'esprit et le cœur de Xavier.

Il partit, en la compagnie de Mascaregnas, le 15 mars
de l'année 1540, sans autre équipage qu'un bréviaire.
En disant le dernier adieu au P. Ignace, il se jeta à ses
pieds et lui demanda sa bénédiction; et en prenant congé
de Laynez, il lui mit entre les mains un petit mémoire
qu'il avait écrit et signé. Ce mémoire, qui se conserve
encore à Rome, porte qu'il approuve, autant qu'il dépend
de lui, la règle et les constitutions qui seront dressées par
Ignace et par ses compagnons; qu'il élit Ignace général, et
Lefèvre au défaut d'Ignace, et qu'il se consacre à Dieu
par les trois vœux de pauvreté, de chasteté et d'obéissance.

Le voyage de Rome à Lisbonne se fit par terre et dura
plus de trois mois. On avait donné un cheval à Xavier,
par l'ordre de l'ambassadeur; mais dès qu'on fut en chemin, ce cheval fut mis à l'usage de tous. Le Père pré-
venait chacun par toute espèce de devoirs de charité.

Ils se dirigèrent par Lorette, où ils demeurèrent plus de huit jours ; puis ils continuèrent leur chemin par Bologne. Xavier écrivit de là au P. Ignace les lignes suivantes :

« J'ai reçu, le saint jour de Pâques, la lettre que vous m'avez envoyée dans le paquet de l'ambassadeur : Dieu seul sait quelle a été ma joie en la recevant. Comme je ne crois pas que nous traitions jamais ensemble sur la terre que par lettres, ni que nous nous voyions qu'au ciel, il faut que, durant le peu de temps qui nous reste à vivre en ce lieu de bannissement, nous nous consolions l'un l'autre par des lettres fort fréquentes. Je serai, de mon côté, très-exact ; car, étant persuadé de ce que vous me dîtes sagement à mon départ, qu'il doit y avoir un commerce réglé et une correspondance mutuelle entre les colonies et les métropoles ainsi qu'entre les filles et les mères, j'ai résolu, en quelque pays du monde que je sois, ou que soit avec moi une partie de notre société, d'avoir des liaisons étroites avec vous et avec les Pères de Rome, et de vous mander de nos nouvelles le plus en détail qu'il me sera possible...

» Pour M. l'ambassadeur, il me comble de tant de grâces, que je ne finirais jamais si je voulais vous les raconter ; et je ne sais si je pourrais souffrir tous les bons offices qu'il me rend, si je n'espérais de les payer dans les Indes aux dépens de ma vie même. Le dimanche des Rameaux, j'entendis sa confession et celle de plusieurs de ses domestiques ; je les communiai ensuite dans la sainte chapelle de Lorette, où je dis la messe. Je les confessai encore et je leur donnai la communion le jour de Pâques. L'aumônier de M. l'ambassadeur se recommande fort à vos prières ; il me promet de venir avec moi aux

Indes. Je suis ici plus occupé à confesser que je ne l'étais à Rome dans Saint-Louis. Je salue de tout mon cœur tous nos Pères ; et si je ne les nomme pas chacun par leur nom, je les prie de croire que ce n'est pas manque de souvenir.

» De Bologne, 31 mars 1540.

» Votre frère et serviteur en Jésus-Christ,

» FRANÇOIS. »

Toute la ville de Bologne se remua au passage de Xavier ; elle lui était très-affectionnée et le regardait en quelque sorte comme son apôtre. Les petits et les grands voulurent le voir ; la plupart lui découvrirent l'état de leur conscience ; plusieurs s'offrirent à lui pour aller aux Indes ; tous pleurèrent en le voyant partir, pensant qu'ils ne le reverraient jamais.

Lorsqu'on se fut remis en route, il arriva quelques incidents qui méritent d'être cités. Un jour, l'écuyer de Mascareguas ayant voulu passer une petite rivière assez profonde et assez rapide, le courant de l'eau l'emporta avec son cheval, et tout le monde le crut perdu. Xavier, touché du péril où était le salut d'un homme mondain, qui avait été appelé de Dieu à la vie religieuse et qui n'avait pas suivi le mouvement de la grâce, se mit en prière pour lui. L'ambassadeur, qui aimait fort son écuyer, s'y mit aussi et y fit mettre ses gens. A peine eut-on imploré le secours du ciel, que l'homme et le cheval, qui commençaient à se noyer, revinrent sur l'eau, et furent portés au bord de la rivière. On parvint à retirer de l'eau l'écuyer tout pâle et à demi mort.

Dès qu'il eut recouvré ses sens, Xavier lui demanda quelles pensées il avait eues étant sur le point de périr. Il avoua franchement que l'état religieux auquel Dieu l'appelait s'était présenté à son esprit, et qu'il avait éprouvé un bien grand regret d'avoir ainsi négligé l'occasion de son salut.

L'ambassadeur et tous ses gens ne doutèrent pas que les mérites du saint homme n'eussent sauvé l'écuyer; mais Xavier attribuait cet événement à la piété de l'ambassadeur, et c'est ce qu'il manda au P. Ignace :

« Notre Seigneur a bien voulu exaucer les prières ferventes que son serviteur Mascaregnas lui a faites, les larmes aux yeux, pour la vie de ce misérable, dont nous n'espérions plus rien, et qui a été délivré de la mort par un miracle manifeste. »

Etant sortis de France, et ayant passé les Pyrénées du côté de la Navarre, lorsqu'ils approchaient de Pampelune, Mascaregnas fit réflexion que le P. François (c'est ainsi qu'on appelait communément Xavier) ne parlait point d'aller au château de Xavier, qui était peu éloigné de leur chemin. Il l'en avertit et le pressa même de s'y rendre; mais le saint refusa, disant à Mascaregnas qu'il se réservait à voir ses parents au ciel, et non en passant et avec le chagrin que les adieux causent d'ordinaire, mais pour toujours et avec une joie toute pure. Mascaregnas fut très-édifié d'un pareil détachement du monde, et, touché des exemples et des instructions de Xavier, il résolut de se donner à Dieu sans réserve.

Ils arrivèrent à Lisbonne sur la fin de juin. Xavier alla rejoindre Rodriguez, qui logeait dans un hôpital pour instruire et servir les malades.

Tous deux montrèrent tant de zèle pour le salut des âmes, et y travaillèrent avec tant de succès, que le roi voulut les retenir en Portugal; mais il fut décidé que le premier resterait et que le second irait aux Indes. Xavier passa huit mois à Lisbonne , parce que la flotte ne devait partir qu'au printemps.

Le temps de l'embarquement étant venu , il fut appelé au palais. Le roi l'entretint à fond de l'état des Indes et lui recommanda particulièrement ce qui touchait la religion. Il le chargea de visiter les forteresses des Portugais et d'observer si Dieu y était servi ; de voir ce qu'on pouvait faire pour bien établir le christianisme dans les nouvelles conquêtes , et d'écrire souvent sur ce sujet , non-seulement à ses ministres, mais à lui-même.

Il lui présenta ensuite quatre brefs expédiés de Rome la même année, dans deux desquels le Souverain-Pontife faisait Xavier nonce apostolique et lui donnait des pouvoirs très-amples pour étendre et pour maintenir la foi en tout l'Orient. Sa Sainteté le recommandait, dans le troisième , à David , empereur d'Ethiopie ; et dans le quatrième , à tous les princes qui possédaient les îles de la mer ou la terre ferme , depuis le cap de Bonne-Espérance jusqu'au delà du Gange.

Peu de jours avant l'embarquement , don Antoine d'Ataïde , comte de Castagnera , qui avait l'intendance des provisions de l'armée navale , avertit Xavier de faire un mémoire des choses qui lui étaient nécessaires pour le voyage, et l'assura de la part du roi que rien ne lui manquerait.

« On ne manque de rien, repartit le Père en souriant, quand on n'a besoin de rien. Je suis très-obligé au roi de sa libéralité, et je vous le suis de vos soins ; mais je dois encore davantage à la Providence , et vous ne voulez pas que je m'en défie. »

Le comte de Castagnera , qui avait un ordre exprès de fournir tout abondamment au P. Xavier, lui fit de fortes instances, et le pressa tant de prendre quelque chose, de peur, disait-il, de tenter la Providence, qui ne fait pas toujours des miracles, que Xavier, pour ne pas paraître opiniâtre ou présomptueux, demanda quelques petits livres de piété, dont il prévoyait qu'il aurait besoin dans les Indes, et un habit de gros drap contre les froids excessifs qu'on a à souffrir au delà du cap de Bonne-Espérance.

Le comte, étonné de ce que le Père ne demandait rien davantage, le supplia d'user mieux des offres qu'on lui avait faites. Mais voyant que toutes les prières étaient inutiles :

« Vous ne serez pas tout à fait le maître, lui dit-il avec un peu de chaleur, et du moins vous ne refuserez pas un valet dont vous ne sauriez vous passer.

— Tandis que j'aurai ces deux mains, répliqua Xavier, je n'aurai point d'autre valet.

— Mais la bienséance veut que vous en ayez un, reprit le comte ; car enfin vous avez une dignité que vous ne devez pas avilir ; et il serait honteux de voir un légat apostolique laver son linge à bord d'un navire et s'apprêter lui-même à manger.

— Je prétends bien, dit Xavier, me servir et servir les autres sans déshonorer mon caractère ; pourvu que je ne fasse point de mal, je ne crains pas de scandaliser le prochain ni de perdre l'autorité que le Saint-Siége m'a commise. »

Le jour du départ arriva enfin, et, tout étant prêt pour mettre à la voile, Xavier se rendit au port avec les deux compagnons qu'il menait aux Indes, le P. Paul de Camerin, Italien, et François Mansilla, Portugais, qui n'était pas encore prêtre. Simon Rodriguez le conduisit jusqu'à la flotte, et c'est là que, s'embrassant tous deux tendrement,

« Mon frère, dit Xavier, voici les dernières paroles

que je vous dirai jamais. Nous ne nous verrons plus en ce monde. Souffrons patiemment notre séparation ; car il est certain qu'étant bien unis à Dieu, nous serons unis ensemble, et que rien ne pourra nous séparer de la société que nous avons en Jésus-Christ.

» Je veux, au reste, pour votre consolation, ajouta-t-il, vous découvrir un secret que je vous ai caché jusqu'à cette heure. Il vous souvient que, lorsque nous étions dans un hôpital de Rome, vous m'ouïtes crier une nuit : *Encore plus, Seigneur, encore plus.* Vous m'avez demandé souvent ce que cela voulait dire, et je vous ai toujours répondu que vous ne deviez pas vous en mettre en peine. Sachez maintenant que je vis alors, ou endormi ou éveillé, Dieu le sait, tout ce que je devais souffrir pour la gloire de Jésus-Christ : Notre-Seigneur me donna tant de goût pour les souffrances que, ne pouvant me rassasier de celles qui s'offraient à moi, j'en désirai davantage ; et c'est le sens de ces mots que je prononçai avec tant d'ardeur : *Encoré plus, encore plus.* J'espère que la divine Bonté m'accordera dans les Indes ce qu'elle m'a montré en Italie, et que ces désirs qu'elle m'a inspirés seront bientôt satisfaits. »

Après ces paroles, ils s'embrassèrent de nouveau et se séparèrent les larmes aux yeux. La flotte fit voile le 7 avril de l'année 1541, sous la conduite de don Martin Alphonse de Sosa, vice-roi des Indes, homme d'une probité reconnue et d'une expérience consommée, surtout en ce qui regardait le Nouveau-Monde, où il avait passé plusieurs années de sa vie. Il voulut avoir le P. Xavier avec lui dans la capitane appelée Saint-Jacques. Xavier entra ce jour-là, qui était celui de sa naissance, dans sa trente-sixième année ; il y avait plus de sept ans qu'il était au nombre des disciples d'Ignace de Loyola.

# LIVRE II

Xavier ne demeura pas oisif durant le cours de la navigation : son premier soin fut d'arrêter les désordres que l'oisiveté produit d'ordinaire parmi les matelots et les passagers, et il commença par réformer ce qu'il y a d'abusif dans le jeu, qui est le seul divertissement ou plutôt toute l'occupation des gens de mer.

Il y avait bien dans la capitane mille personnes de toutes sortes de conditions. Le Père se fit tout à tous pour les gagner tous à Jésus-Christ, entretenant les uns et les autres de ce qui leur convenait davantage. Sa complaisance et sa gaieté naturelle le faisaient aimer de tout le monde.

Il instruisait tous les jours les matelots des principes de la foi, que la plupart ignoraient ou ne savaient guère, et il prêchait toutes les fêtes au pied du grand mât. Chacun profitait des enseignements du prédicateur, et en peu de temps on n'ouït plus parmi eux rien qui blessât ni l'honneur de Dieu, ni la charité du prochain, ni même la pureté et la bienséance. Tous avaient pour lui un très-grand respect, et d'un mot il terminait leurs querelles et leurs différends.

Le vice-roi don Martin Alphonse de Sosa voulut, dès les premiers jours, le faire manger à sa table; mais Xavier l'en remercia très-humblement, et ne vécut pendant le voyage que de ce qu'il mendiait dans le navire.

Cependant les froids insupportables du Cap-Vert et les chaleurs excessives de la Guinée, avec l'eau douce et les viandes qui se corrompirent sous la ligne, causèrent de très-fâcheuses maladies. La plus commune était une fièvre pestilente accompagnée d'une espèce de chancre qui se formait dans la bouche et qui ulcérait toutes les gencives. Les malades, mêlés ensemble, s'infectaient les uns les autres; et, comme on craignait de gagner leur mal, on les aurait abandonnés, si le P. François n'eût eu pitié d'eux. Il les essuyait dans leurs sueurs, il nettoyait leurs ulcères, il lavait leurs linges, et il leur rendait les services les plus abjects : mais il avait soin surtout de leurs consciences, et sa principale occupation était de les disposer à mourir chrétiennement.

Le Père, du reste, faisait tout cela étant incommodé d'un vomissement continuel et d'une extrême langueur qui lui durèrent deux mois entiers. Pour le soulager, Sosa lui fit donner une chambre plus grande et meilleure que celle qu'on lui avait assignée d'abord; il la prit, mais il y mit les plus malades; et pour lui, il coucha toujours sur le tillac, sans autre oreiller que les cordages du navire.

Il recevait aussi les plats que le vice-roi lui envoyait de sa table, et il les distribuait à ceux qui avaient le plus besoin de nourriture. Tant d'actions de charité le firent surnommer dès lors *le saint père;* et ce nom lui demeura le reste de ses jours, même parmi les mahométans et les idolâtres.

Tandis que Xavier s'occupait ainsi, la flotte suivait son chemin au travers des écueils, des tempêtes, des courants d'eau. Après cinq mois de continuelle navigation, elle arriva vers la fin d'août au Mozambique, possession des Portugais, sur la côte orientale de l'Afrique.

L'armée de Sosa fut contrainte d'y passer l'hiver, non-seulement parce que la saison était déjà fort avancée, mais encore parce que les malades ne pouvaient plus supporter les incommodités de la mer. Ce lieu néanmoins n'était pas convenable à des personnes infirmes;

l'air y est tellement malsain, que le Mozambique est appelé la sépulture des Portugais.

Dès qu'on eut pris terre, Sosa fit transporter les malades de chaque navire à l'hôpital qui est dans l'île, et dont les rois de Portugal sont les fondateurs. Le P. Xavier les suivait, et avec deux compagnons il voulut les servir tous. L'entreprise surpassait ses forces ; mais l'esprit soutient le corps dans les hommes apostoliques, et la charité peut tout.

Cependant il montra un tel dévouement pour les soigner, que tant de fatigues accablèrent enfin la nature : il tomba lui-même malade d'une fièvre si violente et si maligne, qu'on le saigna sept fois en fort peu de temps, et qu'il fut trois jours en délire.

Aussitôt que la violence du mal fut un peu passée, le saint s'oublia lui-même pour songer aux autres. Le médecin, l'ayant rencontré un jour qu'il allait et venait dans le fort d'un accès de fièvre, dit, après lui avoir tâté le pouls, qu'il n'y avait personne à l'hôpital plus dangereusement malade que lui, et le pria de se donner un peu de repos.

« Je vous obéirai ponctuellement, repartit le Père, dès que j'aurai accompli un devoir qui me presse : il y va du salut d'une âme, et il n'y a pas de temps à perdre. »

Au même moment, il fait porter sur son lit un pauvre garçon de l'équipage, qui était étendu à terre sur un peu de paille, sans parole et sans connaissance. Le jeune homme ne fut pas plutôt sur le lit du saint qu'il revint à lui. Xavier profita de l'occasion, et, se couchant auprès du malade qui avait mené une vie fort dissolue, l'exhorta si bien toute la nuit à détester ses péchés et à espérer en la miséricorde de Dieu, qu'il le vit mourir dans de grands sentiments de douleur et de confiance.

Dès lors, le Père garda la parole qu'il avait donnée au médecin, et se ménagea ensuite davantage. La fièvre finit par disparaître tout à fait; mais avant que ses forces fussent revenues, il fallut se remettre en mer. Le vice-roi, qui commençait à se porter mal, ne voulut pas demeurer plus longtemps dans un lieu si infecté, ni attendre la guérison de ses gens pour continuer son voyage. Il pria Xavier de l'accompagner, et de laisser, avec les malades, Paul de Camerin et François Mansilla, qui faisaient très-bien leur devoir dans l'hôpital.

Ainsi, après avoir fait six mois de séjour au Mozambique, ils s'embarquèrent tous de nouveau le 15 mars de l'année 1542, non sur le *Saint-Jacques*, mais sur un autre vaisseau plus léger et meilleur voilier.

Le navire qui portait Sosa et Xavier eut le vent si favorable, qu'en deux ou trois jours il gagna Mélinde, sur la côte d'Afrique, vers la ligne équinoxiale. C'était une ville des Sarrasins, au bord de la mer, en bonne intelligence avec les Portugais.

Le premier objet qui se présenta au P. François à la sortie du vaisseau lui tira des larmes des yeux, mais des larmes de joie et de compassion tout ensemble. Comme les Portugais trafiquent là continuellement et qu'il en meurt toujours quelques-uns, ils ont un cimetière près de la ville. Là se dressaient des croix sur les tombes, et au milieu d'elles une grande croix de pierre fort bien faite et toute dorée.

Le saint y courut et se prosterna devant l'instrument du salut, consolé intérieurement de le voir si élevé et comme triomphant au milieu des ennemis de Jésus-Christ. Il eut en même temps une sensible douleur que le signe du salut servit moins là pour édifier les vivants que pour honorer les morts; et, levant les mains au ciel, il pria le Père des miséricordes d'imprimer dans le cœur des infidèles la croix qu'ils avaient souffert que l'on plantât sur leur terre.

Il pensa ensuite à conférer de la religion avec les Maures, pour tâcher de leur faire voir les extravagances du mahométisme et pour avoir occasion de leur expliquer les vérités de la foi chrétienne. Un des principaux de la ville et des plus zélés pour sa secte le prévint et lui demanda si la piété était éteinte dans les villes de l'Europe comme elle l'était à Mélinde : « Car enfin, disait-il, de dix-sept mosquées que nous avons, il y en a quatorze désertes, et trois seulement fréquentées ; encore ces trois sont visitées de peu de personnes. Cela vient sans doute, ajouta le mahométan, de quelque énorme péché ; mais je ne sais quel péché, et quelque réflexion que je fasse, je ne vois pas ce qui peut nous avoir attiré un si grand malheur.

— Il n'y a rien de plus clair, repartit Xavier ; Dieu, qui a en horreur la prière des infidèles, laisse périr parmi vous un culte qui ne lui plaît pas, et fait entendre par là qu'il réprouve votre secte. »

Le Sarrasin ne se rendit pas à cette raison ni à tout ce que dit Xavier contre l'Alcoran. Lorsqu'ils se disputaient ensemble, un cacique ou docteur de la loi survint. Ayant fait la même plainte touchant la solitude des mosquées et le peu de dévotion du peuple,

« J'ai pris mon parti, dit-il, et si, dans deux ans, Mahomet ne vient en personne visiter les fidèles qui le reconnaissent pour le vrai prophète de Dieu, je chercherai assurément une autre religion que la sienne. »

Xavier eut pitié de la folie du cacique et mit tout en œuvre pour lui faire abjurer dès lors le mahométisme ; mais il ne put rien gagner sur un esprit opiniâtre que ses propres lumières aveuglaient, et il se soumit aux ordres de la Providence, qui a marqué les moments de la conversion des pécheurs et des infidèles.

Etant parti de Mélinde, où ils ne furent que peu de jours, ils côtoyèrent l'Afrique et allèrent mouiller à Socotora. On ne sait pas précisément quelle religion ces peuples professent, tant elle est monstrueuse. Ils tiennent des Sarrasins le culte de Mahomet, des Juifs l'usage de la circoncision et des sacrifices; mais ils se disent chrétiens (1). Les hommes portent le nom de l'un des Apôtres, et la plupart des femmes celui de Marie, sans avoir néanmoins nulle connaissance du baptême. Ils adorent la croix, et on leur en voit de petites pendues à leur cou. Ils révèrent principalement saint Thomas; et c'est une ancienne tradition parmi eux que ce saint apôtre, allant aux Indes, fut jeté par une horrible tempête sur leurs côtes; qu'étant descendu à terre, il annonça Jésus-Christ aux Socorotins, et que, du débris de son navire, il bâtit une chapelle au milieu de l'île.

L'état de ces insulaires affligea sensiblement le P. Xavier. Il ne désespéra pas pourtant qu'on ne pût ramener à la foi une nation qui, toute barbare qu'elle était, gardait encore quelques vestiges du christianisme. Il prit plusieurs moyens pour se faire comprendre, et il réussit à faire impression sur l'esprit et sur le cœur des barbares. Les uns lui présentèrent de leurs fruits sauvages pour marque de leur amitié; les autres lui offrirent leurs en-

---

(1) La variété innombrable des religions plus bizarres les unes que les autres, dont nous aurons occasion de parler dans cet ouvrage, montre dans quels égarements tombe l'esprit humain quand il n'est point éclairé des lumières de la foi. Nous ne voyons pas qu'aucune guérisse les passions; toutes au contraire les entretiennent et même les irritent. Nous voyons en même temps qu'il est si naturel aux hommes d'avoir une religion, qu'ils aiment mieux en avoir une fausse et absurde que de n'en avoir point du tout.

fants, afin qu'il les baptisât; tous lui promirent de recevoir le baptême et de vivre en véritables chrétiens, pourvu qu'il demeurât avec eux. Quand ils virent que le galion portugais était sur le point de partir, ils coururent en foule au rivage, et conjurèrent le saint, les larmes aux yeux, de ne pas les abandonner.

Ce spectacle attendrit Xavier; il pria instamment le vice-roi de vouloir bien lui permettre de rester dans l'île, du moins jusqu'au passage des vaisseaux qu'on avait laissés au Mozambique; mais il ne put l'obtenir, et Sosa lui dit que le Ciel l'ayant destiné aux Indes, ce serait manquer à sa vocation que de prendre ainsi le change et de s'arrêter au commencement de la carrière.

Xavier se rendit aux raisons du vice-roi, qui fut pour lui, en cette rencontre, l'interprète de la volonté divine, et dans le même moment on mit à la voile. Le saint ne put voir sans une vive douleur ces pauvres gens qui le suivaient des yeux et qui lui tendaient les bras. A mesure que le vaisseau s'éloignait de l'île, il tournait la tête vers eux et poussait de profonds soupirs; et, afin de n'avoir rien à se reprocher relativement à la conversion des Socotorins, il s'engagea devant Dieu à revenir les voir au plus tôt, ou, s'il ne le pouvait, à leur procurer des ministres évangéliques qui leur enseignassent la voie du salut.

La navigation fut de peu de jours. Après avoir traversé toute la mer d'Arabie et une partie de celle de l'Inde, ils arrivèrent à Goa, capitale des Indes, le 6 mai de l'année 1542, et le treizième mois depuis leur sortie du port de Lisbonne.

Ce fut alors que se vérifia la célèbre prophétie de l'apôtre saint Thomas, que la foi qu'il avait plantée en divers royaumes de l'Orient y refleurirait un jour; et c'est cette prédiction que le saint apôtre laissa gravée sur une colonne de pierre vive pour la mémoire des siècles à venir.

Xavier, en sortant du navire, alla prendre son logement à l'hôpital, malgré toutes les résistances du vice-roi qui avait envie de le loger ; mais il ne voulut pas commencer ses fonctions de missionnaire qu'il n'eût rendu auparavant ses devoirs à l'évêque de Goa : c'était don Jean d'Albuquerque, religieux de Saint-François, homme de très-grand mérite et un des plus vertueux prélats de son temps.

Dès leur première entrevue, les deux saints personnages lièrent amitié, et leur union devint si étroite dans la suite, qu'ils semblaient tous deux n'avoir qu'un cœur et qu'une âme. Aussi le P. Xavier n'entreprenait rien sans avoir consulté l'évêque ; l'évêque, de son côté, communiquait tous ses desseins au P. Xavier.

L'état où Xavier vit la religion dans le pays où il était envoyé, fit couler ses larmes et l'enflamma de zèle. Les Portugais, livrés aux passions les plus injustes et les plus honteuses, ne se faisaient aucun scrupule de l'ambition, de la vengeance, de l'usure, du libertinage. Il semblait que tout sentiment de religion fût éteint dans la plupart d'entre eux. En vain l'évêque tâchait de faire rentrer les coupables en eux-mêmes ; ils méprisaient ses exhortations, ses prières et ses menaces.

Les infidèles, d'un autre côté, ressemblaient moins à des hommes qu'à des animaux. Si quelques-uns avaient cru autrefois à l'Evangile, ils étaient retombés dans leurs premières superstitions et dans leurs anciens désordres.

La vie scandaleuse des chrétiens étant un grand obstacle à la conversion des gentils, Xavier commença sa mission par les premiers. Il leur rappela les principes du christianisme, et il s'appliqua surtout à former la jeunesse à la vertu. Il parcourait les rues de Goa, une clochette à la main, pour avertir les parents et les maîtres d'envoyer leurs enfants et leurs esclaves au catéchisme ; il le leur demandait pour l'amour de Dieu. La modestie et la dévotion qu'il réussit à inspirer à ces enfants étonnèrent toute la ville, la firent bientôt changer de face, et les pêcheurs les plus opiniâtres commencèrent à rougir de leurs désordres.

Quelque temps après, il prêcha en public, et se mit à faire des visites dans les maisons particulières. Sa douceur et sa charité furent des armes auxquelles personne ne résista. La réformation de la ville de Goa fit connaître ce qu'on devait attendre du serviteur de Dieu.

Bientôt il apprit qu'à l'orient de la presqu'île il y avait sur la côte de la Pêcherie (1), qui s'étend depuis le cap Comorin jusqu'à l'île de Manar, un peuple connu sous le nom de *Paravas* ou Pêcheurs ; que ces Paravas, par reconnaissance pour les Portugais qui les avaient secourus contre les Maures, s'étaient fait baptiser ; mais que, faute d'instruction, ils conservaient toujours leurs superstitions et leurs vices. Xavier se chargea d'autant plus volontiers de cette mission, qu'il avait quelque connaissance de la langue malabare, qui était en usage à la côte de la Pêcherie. Il se fit accompagner par deux jeunes ecclésiastiques de Goa qui entendaient passablement la même langue, et s'embarqua, sans vouloir user d'aucun secours, au mois d'octobre de l'année 1542.

Le cap Comorin est éloigné d'environ six cents milles de Goa ; c'est une haute montagne qui avance dans la mer et qui a en face l'île de Ceylan. Le Père, y étant arrivé, rencontra d'abord un village tout idolâtre. Il ne voulut point passer outre sans annoncer le nom de Jésus-Christ aux gentils ; mais tout ce qu'il put leur dire par

______
(1) Ainsi appelée à cause de la pêche des perles.

la bouche de ses interprètes ne servit de rien, et ses
païens déclarèrent nettement qu'ils ne pouvaient changer
de religion avant que le seigneur dont ils relevaient n'y
eût consenti. Leur opiniâtreté ne dura pas longtemps.

Une femme du village était en péril de mort et souf-
frait d'extrêmes douleurs, sans qu'elle pût être soulagée
ni par les prières des brahmanes ni par aucun remède
naturel. Xavier l'alla voir avec un de ses truchements.

L'Esprit-Saint, qui voulait sauver par elle tout ce
peuple, la toucha intérieurement par les paroles du saint
missionnaire; de sorte qu'étant interrogée si elle croyait
en Jésus-Christ, si elle voulait être baptisée, elle dit que
oui et que c'était de tout son cœur.

Alors Xavier lut un évangile sur elle et la baptisa;
elle fut aussitôt guérie parfaitement. Un miracle si visible
remplit la cabane d'étonnement et de joie; toute la famille
se convertit. Les principaux du lieu, accourus à la nouvelle du prodige, furent eux-mêmes convaincus par tout
ce que Xavier leur annonça; mais, tout persuadés qu'ils
étaient, ils n'osaient, disaient-ils, se faire chrétiens, à
moins que leur prince ne le trouvât bon.

Il y avait, dans un village, un officier venu exprès pour
recevoir, au nom du prince, un certain tribut annuel. Le
P. Xavier l'alla voir, et lui exposa si clairement toute la
loi de Jésus-Christ, que l'idolâtre confessa d'abord qu'elle
n'avait rien de mauvais, et permit ensuite aux habitants
de l'embrasser. Il n'en fallut pas davantage à des gens
que la crainte seule retenait; ils se firent tous baptiser et
promirent de vivre chrétiennement.

Le saint homme, encouragé par un commencement si
heureux, poursuivit son chemin avec allégresse, et gagna
bientôt Tutucurin, qui est la première habitation des Paravas. Il trouva qu'en effet ces peuples, au baptême près,

qu'ils avaient reçu plutôt pour secouer le joug des Maures que pour se soumettre à celui de Jésus-Christ, étaient de vrais infidèles, et il leur enseigna les mystères de la foi dont ils n'avaient aucune teinture. Les deux ecclésiastiques qui l'accompagnaient lui servaient de truchements; mais Xavier, pour se mettre en état de faire plus de fruit, voulut connaître lui-même plus parfaitement la langue malabare, et il se donna des peines infinies pour y réussir. A force de travail, il traduisit, en cette langue, les paroles du signe de la croix, le Symbole des Apôtres, les Commandements de Dieu, l'Oraison dominicale, la Salutation angélique, le *Confiteor* et le *Salve Regina*, puis tout le Catéchisme.

Dès que la traduction fut faite, le Père en apprit par cœur ce qu'il put, et se mit, la clochette à la main, à parcourir les villages de la côte, qui étaient au nombre de trente, moitié baptisés, moitié idolâtres.

Il est difficile d'exprimer quels furent les heureux résultats de sa mission et quelle fut la ferveur de cette chrétienté naissante. Le saint, écrivant aux Pères de Rome, confesse lui-même n'avoir point de paroles pour l'exprimer. Il ajoute que la multitude de ceux qui recevaient le baptême était si grande, qu'à force de baptiser continuellement, il ne pouvait plus lever les bras.

Les enfants seuls qui moururent après leur baptême étaient au nombre de plus de mille.

Ceux qui vécurent et qui commençaient à avoir l'usage de la raison, étaient si affectionnés aux choses de Dieu et si avides de savoir tous les mystères de la foi, qu'ils ne donnaient presque pas le temps au P. Xavier de prendre un peu de nourriture ou de repos. Ils le cherchaient à toute heure, et il était quelquefois obligé de se cacher pour faire oraison et pour dire son bréviaire.

C'est avec le secours de ces néophytes si fervents qu'il faisait plusieurs bonnes œuvres et même une partie des guérisons miraculeuses que le Ciel opéra par son ministère.

Personne ne tombait malade parmi les gentils qu'on n'eût recours au P. Xavier. Comme il ne pouvait pas suffire à tout ni être en plusieurs lieux en même temps, il envoyait les enfants chrétiens où il ne pouvait aller lui-même. En partant, l'un lui prenait son chapelet, l'autre son crucifix ou son reliquaire ; et tous, animés d'une foi vive, se dispersaient par les bourgs et par les villages ; là, ramassant autour des malades le plus de gens qu'ils pouvaient, ils récitaient plusieurs fois le Symbole des Apôtres, les Commandements de Dieu, et tout ce qu'ils savaient par cœur de la doctrine chrétienne ; ensuite ils demandaient au malade s'il croyait de bon cœur en Jésus-Christ et s'il voulait être baptisé : dès qu'il avait répondu que oui, ils le touchaient avec le chapelet ou le crucifix du Père, et aussitôt il était guéri.

Xavier enseignait un jour les mystères de la foi à une grande multitude, lorsqu'il vint des gens de Manapar, pour l'avertir qu'un des plus considérables du pays était possédé du démon, et pour le prier de venir à son secours. L'homme de Dieu ne crut pas devoir quitter l'instruction qu'il faisait. Il appela seulement deux jeunes chrétiens, leur donna une croix qu'il portait sur sa poitrine, et les envoya à Manapar, avec ordre de chasser le malin esprit.

Ils n'y furent pas plutôt arrivés que le démoniaque, plus furieux qu'à l'ordinaire, fit des contorsions et jeta des cris effroyables. Bien loin d'avoir peur, comme ont les enfants, ils chantèrent autour de lui les prières de l'Eglise, après quoi ils le contraignirent de baiser la croix, et dans le même moment le démon se retira. Plusieurs païens qui étaient présents, et qui reconnurent visiblement le pouvoir de la croix, se convertirent sur-le-champ et devinrent d'excellents chrétiens.

Un des premiers habitants de Manapar, homme violent et emporté, s'obstinait à adorer les idoles. Xavier, l'étant un jour allé voir, le pria honnêtement de vouloir bien écouter ce qu'il avait à lui dire dans l'intérêt de son salut éternel. Le barbare ne daigna pas le regarder et le chassa brutalement de son logis, en disant que si jamais il se présentait à l'église des chrétiens, il était content qu'on lui en fermât l'entrée. Peu de jours après, il fut attaqué par une troupe de gens armés qui en voulaient à sa vie; tout ce qu'il put faire fut de s'échapper de leurs mains et de s'enfuir. Comme il vit de loin l'église ouverte, il y courut, poursuivi toujours par ses ennemis. Les fidèles, qui étaient assemblés pour leurs exercices de piété, alarmés des cris qu'ils entendaient, et craignant que les idolâtres ne vinssent pour piller l'église, fermèrent promptement les portes, de sorte que celui qui pensait se sauver dans le lieu saint tomba entre les mains des meurtriers et fut assassiné sur-le-champ, sans doute par ordre de la justice divine, qui permit que l'impie fût frappé de la malédiction qu'il s'était souhaitée à lui-même.

Le zèle et la sainteté du missionnaire le rendirent vénérable aux brahmanes mêmes, qui étaient les philosophes, les théologiens et les prêtres des idolâtres; ils s'opposèrent cependant aux progrès de l'Evangile par des motifs d'intérêt (1).

Les conférences qu'ils eurent avec le saint ne les con-

(1) Les brahmanes joignaient à de grandes austérités d'odieuses dissolutions. Ayant pris un grand ascendant sur l'esprit des Indiens, ils inventaient mille fables, et obtenaient, par leurs fourberies, des offrandes considérables destinées aux idoles, mais qui servaient à l'entretien des brahmanes et à celui de leurs familles.

vertirent point; ils refusèrent également de croire sur les miracles éclatants que Xavier opéra sous leurs yeux. On lit dans le procès de la canonisation du serviteur de Dieu qu'il ressuscita quatre morts vers ce temps-là. Le premier était un catéchiste qui avait été piqué par un de ces serpents dont les piqûres sont toujours mortelles; le second était un enfant qui s'était noyé dans un puits; le troisième et le quatrième étaient un jeune garçon et une jeune fille qu'une maladie contagieuse avait enlevés.

Le saint joignait aux travaux apostoliques les plus grandes austérités de la pénitence. Sa nourriture était celle des plus pauvres; il ne mangeait que du riz et ne buvait que de l'eau. Il dormait tout au plus trois heures de la nuit, et couchait sur la terre dans une cabane de pêcheur.

Il avoue lui-même que ses fatigues étaient sans relâche, et qu'il aurait succombé à tant de travaux si Dieu ne l'eût soutenu; car, pour ne point parler du ministère de la prédication et des autres fonctions évangéliques qui l'occupaient jour et nuit, il ne naissait pas une querelle ni un différend qu'on ne le prît pour arbitre; et parce que ces barbares, naturellement colères, étaient souvent en guerre ensemble, il destina certaines heures de la journée aux éclaircissements et aux réconciliations.

Quelles que fussent ses occupations extérieures, il ne cessait de s'entretenir avec le Seigneur; et les délices qu'il goûtait dans cet exercice étaient quelquefois si extraordinaires, qu'il conjurait la bonté divine d'en modérer l'excès. Il parlait de lui-même, lorsqu'il disait à saint Ignace et à ses frères de Rome :

« Je n'ai rien autre chose à vous écrire de ce pays-ci, sinon que ceux qui y viennent pour travailler au salut des idolâtres reçoivent tant de consolations d'en haut, que s'il y a une véritable joie en ce monde, c'est celle qu'ils sentent. Il m'arrive plusieurs fois, poursuit-il, d'entendre un homme dire à Dieu : « Seigneur, ne me donnez pas » tant de consolations en cette vie ; ou, si vous voulez » m'en combler, par un excès de miséricorde, tirez-moi » à vous, et faites-moi jouir de votre gloire, car c'est » un trop grand supplice que de vivre sans vous voir. »

Il y avait plus d'un an que Xavier travaillait à la conversion des Paravas. La moisson était si abondante, qu'il crut devoir partir pour Goa, sur la fin de 1543, afin de se procurer des coopérateurs. On lui confia le soin du séminaire dit de Sainte-Foi, lequel avait été fondé pour l'éducation des jeunes Indiens. Son zèle l'appelant ailleurs, il remit le gouvernement de cette maison entre les mains des membres de la Compagnie de Jésus, qu'on avait envoyés aux Indes. Il agrandit le séminaire, et dressa des règlements qu'on devait y suivre pour former les jeunes gens aux lettres et à la piété. Ce séminaire prit alors le nom de Saint-Paul, de son église placée sous l'invocation de cet apôtre.

L'année suivante, Xavier retourna chez les Paravas, avec quelques ouvriers évangéliques, tant Indiens qu'Européens, qu'il distribua dans différents villages. Il en mena quelques-uns avec lui dans le royaume de Travancor, où, comme il le dit dans une de ses lettres, il baptisa de ses propres mains jusqu'à dix mille idolâtres dans l'espace d'un mois. On vit quelquefois un village entier recevoir le baptême en un jour.

Pendant qu'il exerçait son zèle dans le royaume de Travancor, Dieu lui communiqua le don des langues. Il parlait la langue des barbares sans l'avoir jamais apprise, et il se faisait entendre sans avoir besoin de truchement. Il prêchait souvent dans la plaine à cinq ou six mille personnes assemblées. Ses succès animèrent les brahmanes contre lui ; ils lui tendirent des piéges et employèrent divers moyens pour lui ôter la vie ; mais Dieu rendit leurs efforts inutiles et conserva celui dont il faisait l'instrument de ses miséricordes. Il était dans le royaume de Travancor, lorsque les Badages, peuple sauvage qui vivait de rapines, y firent une incursion.

Le P. Xavier n'eut pas plutôt su que les Badages paraissaient, que, se prosternant en terre, il se met à prier ; puis il se lève, et, rempli d'un courage extraordinaire, ou plutôt de je ne sais quelle force divine qui le rend intrépide, il prend une troupe de chrétiens fervents, et, le crucifix à la main, court avec eux vers la plaine où les ennemis marchaient en ordre de bataille. Dès qu'il fut assez proche pour se faire entendre, il s'arrêta et leur dit d'une voix menaçante :

« Je vous défends, au nom du Dieu vivant, de passer outre, et je vous commande de sa part de retourner sur vos pas. »

Le ton d'autorité avec lequel il leur parla remplit les chefs de terreur. Les ennemis se retirèrent en désordre et abandonnèrent le pays. Cet événement procura au saint la protection du roi de Travancor, qui lui donna le surnom de *grand père*.

Xavier, prêchant à Coulan, près du cap Comorin, s'aperçut que la plupart des idolâtres étaient peu touchés de ses discours. Il pria Dieu d'amollir la dureté de leurs cœurs et de ne pas permettre que le sang de Jésus-Christ eût été répandu inutilement pour eux. Il fit ensuite ouvrir un tombeau, et devant de nombreux assistants, il obtint par ses prières la résurrection d'un mort, enterré le jour précédent.

Xavier ressuscita, dans la même contrée, un jeune chrétien qu'on portait en terre.

Ces prodiges touchèrent tellement le peuple que le royaume de Travancor devint chrétien en peu de mois ; il n'y eut que le roi et les personnes de la cour qui restèrent dans les ténèbres et les superstitions du paganisme.

# LIVRE III

La réputation du saint missionnaire se répandait dans toutes les Indes ; les idolâtres le faisaient prier de toutes parts de venir les instruire et les baptiser. Afin de satisfaire à leur empressement, Xavier écrivit à saint Ignace en Italie, et au P. Simon Rodriguez en Portugal, pour lui demander des ouvriers évangéliques.

Il arriva aussi des députés des Manarais, qui demandaient le baptême avec de vives instances. Comme il ne pouvait encore quitter le royaume de Travancor, parce qu'il fallait affermir la chrétienté qu'il y avait établie, il leur envoya un missionnaire dont il connaissait le zèle. Un très-grand nombre se convertirent et reçurent le baptême. L'île de Manar, située vers la pointe la plus septentrionale de Ceylan, était alors sous la domination du roi de Jafnapatam ; c'est le nom que l'on donne à la partie septentrionale de Ceylan. Ce prince, qui haïssait la religion chrétienne, n'eut pas plutôt été instruit des progrès qu'elle faisait parmi les Manarais qu'il les attaqua les armes à la main et ordonna qu'on mît à mort tout ce qui ne serait point idolâtre.

Ce qu'il y eut de merveilleux, ce fut la persévérance de ces néophytes. Chacun des fidèles était interrogé sur sa religion et n'avait qu'à y renoncer pour sauver sa vie, et il n'y en eut pas un qui ne se déclarât hautement chré-

tien. Les pères et les mères parlaient pour leurs petits
enfants baptisés qui ne pouvaient pas encore rendre témoignage de leur foi, et ils les offraient à la mort avec
une intrépidité qui étonnait leurs bourreaux. Six ou sept
cents de ces insulaires donnèrent ainsi leur vie pour le
nom de Jésus-Christ ; et le canton principal qui fut con-
sacré par un sang si noble, fut désormais appelé *la Terre
des Martyrs*.

Tout ce massacre, bien loin d'abolir la foi chrétienne,
ne servit qu'à la rendre plus florissante ; le tyran eut
même la honte de voir ses officiers et ses domestiques
quitter, malgré lui, leur ancienne religion. Ce qui l'irrita
devantage, fut la conversion de son fils aîné. Ce jeune
prince, touché de Dieu, se fit instruire par un marchand
portugais qui avait commerce à la cour ; mais cela ne se
put faire si secrètement que le roi n'en eût connaissance.
A la première nouvelle, il fit égorger son fils et jeter son
corps dans les champs pour servir de pâture aux bêtes.

Le Ciel ne souffrit pas qu'une mort si précieuse devant
Dieu fût sans honneur et sans fruit devant les hommes. Le
marchand portugais enterra la nuit son condisciple ; et le
lendemain matin une très-belle croix parut marquée sur
la terre qui couvrait le corps du martyr. Ce spectacle sur-
prit fort les infidèles ; ils firent ce qu'ils purent pour effacer la croix, en marchant dessus et en y jetant de la terre :
on la revit le jour suivant sous la même forme, et ils
tâchèrent de l'effacer tout de nouveau ; mais alors elle
parut en l'air toute lumineuse et lançant des rayons de
tous côtés. A cette vue, les barbares furent si effrayés, et
en même temps si touchés intérieurement, qu'ils se déclarèrent chrétiens. La sœur du roi, princesse naturellement
vertueuse, ayant embrassé la foi en cachette, instruisit
elle-même son fils et son neveu, frère du martyr ; mais

en les mettant dans la voie du ciel, elle eut soin de les dérober à la cruauté du tyran. Elle s'adressa pour ce sujet au Portugais dont nous avons parlé, et, lui confiant les deux princes, le chargea de les mener au séminaire de Goa.

Le zélé chrétien concerta si bien toutes choses avec la princesse qu'il sortit de l'île avec les deux princes sans être découvert. Il prit son chemin par le royaume de Travancor, pour voir le P. Xavier et lui présenter ses illustres néophytes. Le Père les reçut comme des anges envoyés du Ciel, et rendit mille actions de grâces à Dieu d'une si belle conquête. Il les fortifia dans la foi, leur donna des enseignements salutaires, et leur promit de faire en sorte, auprès du vice-roi des Indes, qu'ils n'eussent jamais à se repentir d'avoir tout quitté pour l'amour de Jésus-Christ.

Xavier alors partit pour Cochin, et de là fit voile pour Cambaye, afin d'aller rendre compte au vice-roi des Indes de tout ce qui se passait. Il y avait dans le navire un gentilhomme portugais extrêmement libertin et de ces impies déclarés qui se font gloire de leur impiété ; il résistait à tous les conseils, et s'irritait même des observations que la bonté du saint inspirait. Ces mauvaises dispositions ne rebutèrent pas Xavier ; il traita un pécheur si endurci comme un malade frénétique, avec beaucoup de bonté.

Cependant ils abordèrent au port de Cananor. Étant descendus ensemble sur le rivage, ils allèrent se promener seuls dans un bois de palmiers. Après deux ou trois tours de promenade, le saint entre tout à coup dans un fourré, se dépouille jusqu'à la ceinture, et prenant une discipline armée de pointes, il s'en donne de si rudes coups qu'il eut en peu de temps les épaules toutes sanglantes.

« C'est pour l'amour de vous, dit-il au gentilhomme qui l'accompagnait, que je fais ce que vous voyez, et ce n'est encore rien au prix de ce que je voudrais faire. Vous avez, ajouta-t-il, coûté bien plus cher à Jésus-Christ. Sa passion, sa mort, tout son sang ne suffiront-ils pas pour amollir votre cœur ? »

Puis, s'adressant à Jésus-Christ lui-même, «Seigneur, dit-il, jetez les yeux sur votre sang adorable, et non pas sur celui d'un malheureux pécheur comme moi. »

Le gentilhomme, étonné et confus également d'une telle charité, se jette aux pieds de Xavier, le conjure de ne pas continuer, lui promet de se confesser et de changer tout à fait de vie. Avant que de sortir du bois, il fit au Père une confession générale avec une vive douleur de ses péchés, et depuis il vécut fort chrétiennement.

A son arrivée à Cambaye, Xavier alla voir le vice-roi, et il n'eut pas de peine à lui persuader ce qu'il voulut touchant l'affaire de Jafnapatam. Outre que Sosa avait une entière confiance au P. François et beaucoup de zèle pour la religion, l'expédition que lui proposait Xavier était la plus glorieuse que les Portugais pussent entreprendre, puisqu'il s'agissait de châtier un tyran, de déposséder un usurpateur et de rétablir un roi légitime.

Xavier reprit ensuite la route de Cochin, où il voulait travailler au salut des âmes pendant qu'on ferait les préparatifs de la guerre. En repassant à Cananor, il logea chez un chrétien très-vertueux, qui avait un fils fort débauché et livré à toutes sortes de vices. Comme ce père était affligé de la mauvaise conduite de son fils et qu'il le pleurait jour et nuit, Xavier tâcha d'abord de le consoler ; puis, s'étant un peu recueilli, et ayant élevé les yeux au ciel, «Sachez, lui dit-il, que vous êtes le plus heureux père qu'il y ait au monde. Ce fils libertin qui vous donne tant de mécontentement aujourd'hui, changera de mœurs, sera religieux de l'ordre de Saint-François, et enfin martyr. » L'événement vérifia la prédiction de Xavier : le fils de son hôte de Cananor prit l'habit de Saint-François, et alla prêcher la foi dans le royaume de Condé, où il fut martyrisé par les barbares.

L'homme de Dieu, de retour à Cochin, y demeura environ trois semaines. Vers la fin du mois de mai, il fit voile vers Ceylan, pour passer de là à Négapatam, où la flotte portugaise était déjà toute prête. Passant par l'île des Vaches, qui était près des bancs de Ceylan, il ressuscita un enfant, fils d'un Sarrasin ; c'est tout ce qu'on sait de ce miracle. Il voulut voir, dans son voyage, l'île Manar où plus de six cents chrétiens avaient été massacrés pour la foi, ainsi que nous l'avons dit. Y étant descendu, il baisa plusieurs fois la terre qui avait été arrosée du sang des martyrs au village de Pasim. Il acheva en même temps la conversion de cette île en détournant par ses prières la peste qui la désolait.

Il alla rejoindre la flotte portugaise, qu'il trouva découragée et dispersée par l'avarice et la perfidie des officiers.

Comme les saints ne veulent jamais que ce que Dieu veut, Xavier abandonna tout à fait l'expédition de Jafnapatam et ne pensa plus qu'à retourner au royaume de Travancor ; mais le vent lui fut si contraire qu'il ne put pas même s'approcher de la côte. Il jugea par là que Dieu l'appelait ailleurs, et il résolut de porter la lumière jusqu'aux dernières extrémités de l'Orient.

Avant tout, il se rendit à Méliapor, pour y vénérer les reliques de saint Thomas et pour implorer les lumières du Saint-Esprit par l'intercession de cet apôtre.

Quoique le saint ne fût venu dans cette ville que pour s'instruire des ordres du Ciel dans la solitude, il ne laissa pas de vaquer un peu au salut des âmes. Sa sainte vie faisait valoir ses discours, et sa vue seule avait la force de toucher les cœurs. Le peuple se mit même dans l'esprit que quiconque ne suivait pas les conseils du P. François mourrait ennemi de Dieu ; et on racontait la fin malheureuse de quelques pécheurs qui, étant pressés par Xavier de faire une prompte pénitence, avaient différé de se convertir. Cette opinion populaire contribua beaucoup au changement de la ville ; et souvent la crainte d'une mort funeste rompait tout d'un coup des commerces criminels de plusieurs années.

Il y avait à Méliapor un gentilhomme portugais qui menait une vie très-scandaleuse. Xavier l'alla voir un jour vers l'heure du dîner. « Voulez-vous bien, lui dit-il, que, pour faire connaissance, nous dînions ensemble aujourd'hui ? » Le Portugais fut embarrassé de la visite et du compliment ; il se contraignit néanmoins et feignit d'être fort aise de l'honneur que le Père lui faisait. Durant le dîner, Xavier ne lui dit pas un mot de ses débauches et ne l'entretint que de choses indifférentes. Il continua de la même sorte au sortir de table, et le quitta enfin sans lui faire le moindre reproche.

Le gentilhomme, surpris de la conduite du P. François, crut que ce silence était de mauvaise augure, qu'il n'y avait plus rien à attendre pour lui qu'une mort désastreuse et un malheur éternel. Dans cette pensée, il alla en diligence trouver le saint. « Mon Père, lui dit-il, que votre silence m'a parlé fortement au cœur ! Je n'ai pas eu un moment de repos depuis que vous êtes sorti de chez moi. Ah ! si ma perte n'est point encore tout à fait arrêtée, me voici entre vos mains ; faites de moi ce que vous jugerez à propos pour le salut de mon âme, je vous obéirai aveuglément. »

Xavier l'embrassa ; il lui fit quitter les occasions du

péché, et le disposa à une confession générale, dont le fruit fut une vie honnête et chrétienne.

Le Père fit dans Méliapor tout ce qu'il voulut, et des témoins irrécusables ont déposé qu'il laissa la ville si différente de ce qu'elle était quand il y vint, qu'on ne la reconnaissait plus. Aussi en fut-il lui-même si satisfait que, la bénissant mille fois, il dit qu'il n'y avait pas aux Indes une ville plus chrétienne. Il prédit en même temps qu'elle serait un jour très-riche et très-florissante, et la prédiction s'accomplit peu d'années après.

Il partit de cette ville au mois de septembre de l'an 1545, malgré les larmes du peuple qui voulait le retenir, et il prit la route de Malacca, dans le dessein de passer de là à Macazar.

Xavier aborda à Malacca le 25 septembre, et il n'eut pas plutôt mis pied à terre qu'il alla voir le gouverneur de la ville pour lui exposer son dessein d'aller à Macazar. Le gouverneur dit au Père qu'il avait envoyé depuis peu à cette île un prêtre de très-sainte vie avec des soldats portugais, et qu'il en attendait des nouvelles tous les jours; qu'il était d'avis que lui et son compagnon demeurassent à Malacca jusqu'à ce qu'on sût l'état véritable des chrétiens de Macazar.

Xavier se rendit aux désirs du gouverneur, et il profita de son séjour dans cette ville pour exercer tout son zèle et remédier à l'horrible corruption de mœurs qui y régnait.

Plusieurs miracles achevèrent de porter la conviction dans l'âme des habitants de Malacca. Un des plus admirables fut la résurrection d'une jeune fille. Xavier était allé faire un petit voyage aux environs de Malacca pour quelque œuvre de charité, quand cette fille mourut. La mère, qui avait cherché le saint partout pendant la maladie de sa fille, le vint trouver dès qu'elle le sut de retour, et se jetant à ses pieds, tout en larmes, lui dit à peu près ce que Marthe dit à Notre-Seigneur : que s'il eût été dans la ville, celle qu'elle pleurait ne serait point morte; mais que s'il voulait invoquer le nom de Jésus-Christ, la défunte recouvrerait bientôt la vie.

Xavier fut ravi de voir une si grande foi dans une femme baptisée depuis peu de jours ; et la jugeant digne de la grâce qu'elle demandait, après avoir élevé les yeux au ciel et prié Dieu quelque temps en silence, il se tourna vers elle, et lui dit d'un ton assuré : « Allez, votre fille est vivante. » Cette pauvre mère, voyant que le saint ne s'offrait point d'aller au lieu de la sépulture, répliqua, entre l'espérance et la crainte, qu'il y avait déjà trois jours que sa fille était enterrée. « N'importe, reprit Xavier, allez, ouvrez son tombeau, et vous la trouverez vivante. » La mère, sans répondre davantage, courut avec confiance à l'église, et, en présence de plusieurs personnes, ayant fait lever la pierre qui couvrait le cercueil, trouva sa fille pleine de vie.

Pendant que ces choses se passaient ainsi à Malacca, un navire de Goa y apporta au P. Xavier des lettres d'Italie et de Portugal, qui lui apprirent les heureux progrès de la Compagnie de Jésus et tout ce qu'elle faisait déjà en Allemagne pour le bien commun de l'Eglise. Il ne pouvait se lasser de lire ces lettres ; il les baisait mille fois et les arrosait de ses larmes, s'imaginant, comme il le dit lui-même, ou être avec ses frères en Europe, ou les avoir avec lui aux Indes. Il apprit en même temps que le P. Ignace lui avait envoyé trois missionnaires que don Juan de Castro, successeur de don Alphonse de Sosa dans le gouvernement des Indes, avait amenés de Portugal à Goa.

Xavier, après trois mois d'attente, voyant que la saison propre au retour du navire que le gouverneur de Malacca avait envoyé à Macazar était tout à fait passée, jugea que la Providence ne voulait pas se servir de lui présentement pour l'instruction de ces peuples qui avaient un prêtre chez eux. Néanmoins, afin d'être plus prêt à les secourir dès que le Ciel lui en aurait fait naître l'occasion, il eut la pensée d'aller à d'autres îles voisines qui étaient absolument dépourvues de ministres évangéliques.

Il s'embarqua pour Amboyne le premier jour de janvier de l'année 1546. Il y avait là sept villages de chrétiens, naturels du pays, mais sans aucun prêtre, parce que le seul qui y était venait de mourir. Xavier commença par visiter ces villages, et baptisa d'abord plusieurs enfants malades qui moururent immédiatement après leur baptême, « comme si, dit-il lui-même dans une de ses lettres, la Providence divine ne leur eût prolongé la vie que jusqu'à ce qu'on leur eût ouvert la porte du ciel. »

Le saint passa ensuite dans l'île d'Ulate ; il la trouva toute en armes, et le roi, assiégé dans sa ville, tout près de se rendre, non par manque de courage ni de gens, mais faute d'eau, parce que les ennemis avaient coupé les fontaines et qu'il n'y avait nulle apparence de pluie ; de sorte que, durant les grandes chaleurs qu'il faisait, les hommes et les chevaux ne pouvaient plus vivre.

L'occasion parut belle au P. Xavier pour gagner à Jésus-Christ les vaincus et peut-être les vainqueurs. Plein d'une généreuse confiance en Dieu, il trouve le moyen d'entrer dans la ville, et, s'étant fait présenter au roi, il s'offre de lui fournir le secours qui lui manque.

« Permettez-moi, dit-il, de dresser ici une croix, et confiez-vous au Dieu que je suis venu vous annoncer ;

c'est le Seigneur et le Maître de la nature, qui, quand il lui plaît, ouvre les sources du ciel et en arrose la terre. Mais au cas qu'il pleuve, ajouta Xavier, promettez-moi que vous reconnaîtrez sa puissance et que vous embrasserez sa loi avec vos sujets. »

Dans l'extrémité où le roi était réduit, il consentit sans peine à ce que le Père voulut, et s'obligea même, sur la foi publique, de tenir exactement sa parole, pourvu que ce qu'on lui faisait espérer ne manquât pas. Alors Xavier, ayant fait faire une grande croix, la planta au lieu le plus élevé de la ville, et là, à genoux parmi une foule de soldats, d'enfants et de femmes, que la nouveauté du spectacle attira autant que l'attente du succès, il représenta à Dieu la mort de son Fils, et le conjura, par les mérites de ce Sauveur crucifié qui avait répandu son sang pour tous les hommes, de ne pas refuser un peu d'eau au salut d'un peuple idolâtre.

A peine le saint eut commencé sa prière que le ciel se couvrit; et, dès qu'elle fut achevée, il tomba une pluie abondante qui dura jusqu'à ce qu'on eût fait des provisions d'eau. Les ennemis, qui n'espéraient plus prendre la ville, levèrent aussitôt le siége; et le roi, avec tout le peuple, reçut le baptême de la main du P. Xavier; il voulut même que d'autres îles qui relevaient de sa couronne adorassent Jésus-Christ, et il engagea le saint à y aller publier la foi. Xavier employa plus de trois mois à ces divers voyages; puis, après être repassé par Amboyne, où il avait laissé son compagnon Jean Deyro pour cultiver la nouvelle chrétienté, il s'embarqua pour les îles Moluques.

Ternate est la plus grande des Moluques, et c'est de ce côté que le P. Xavier prit sa route. Pour savoir combien les travaux du Père furent utiles aux Ternatins, il

suffit de dire ce qu'il a écrit lui-même, que d'un nombre
infini d'hommes débauchés qui étaient à Ternate quand
il y arriva, tous, excepté deux, avaient quitté leurs désordres lorsqu'il en partit.

Etant à Ternate, le P. Xavier entendit parler de l'île
du More, renommée pour l'impiété et la férocité de ses
habitants. Le tableau qu'on lui en présenta lui fit naître
le désir d'aller évangéliser ces peuples. Dès que l'on sut
son dessein, on mit tout en œuvre pour le rompre. Tout
fut inutile, et Xavier ne changea pas de pensée. « Eh !
qui sont ces gens, disait-il dans l'ardeur de son zèle,
qui mettent des bornes à la puissance de Dieu et qui ont
de si petites idées de la grâce du Sauveur ? Y a-t-il donc
des cœurs assez durs pour résister à la vertu du Très-Haut
quand il lui plaît de les amollir et de les changer ? à
cette vertu également douce et forte qui fait fleurir les
troncs secs, et qui peut faire naître du sein des pierres
des enfants d'Abraham ? Quoi ! Celui qui a soumis le
monde entier à l'empire de la croix par le ministère des
Apôtres ne pourrait pas soumettre un petit endroit de
la terre ! les seules îles du More n'auraient point de part
au bienfait de la rédemption ! Et quand Jésus-Christ a
offert toutes les nations au Père éternel comme son héri-
tage, ces peuples auraient été exceptés ! Ils sont très-
barbares et très-brutaux, je l'avoue ; qu'ils le soient
encore plus qu'ils ne le sont : c'est parce que je ne puis
rien de moi-même que j'espère davantage d'eux. Je
puis tout en Celui qui me fortifie et de qui seul vient la
force des ouvriers évangéliques. »

Ensuite, se laissant emporter à une sainte indignation,
« Si ces îles, poursuivit-il, avaient des bois odoriférants et
des mines d'or, les chrétiens auraient le courage d'y aller,
et tous les dangers du monde ne les épouvanteraient pas.

Ils sont lâches et timides, parce qu'il n'y a là que des âmes à gagner. Faut-il donc que la charité soit moins hardie et moins généreuse que l'avarice? Ils me feront mourir, dites-vous, par le fer ou par le poison. Hélas ! cette grâce n'est pas pour un pêcheur comme moi ; mais j'ose bien vous dire que quelque tourment et quelque mort qu'ils me préparent, je suis prêt à en souffrir mille fois davantage pour le salut d'une seule âme. Peut-être que si je mourais de leurs mains, ils adoreraient tous Jésus-Christ, car enfin, depuis les premiers siècles de l'Eglise, la semence de l'Evangile a plus fructifié, dans les terres incultes du paganisme, par le sang des martyrs que par les sueurs des missionnaires. »

Ces paroles firent tant d'impression sur les esprits que plusieurs s'offrirent de l'accompagner au travers de tous les dangers dont ils lui avaient fait un aussi affreux tableau.


# LIVRE IV


Xavier s'embarqua pour l'île du More avec quelques-uns de ses amis, au milieu des larmes du peuple, qui vint le conduire sur le rivage comme ne devant le revoir jamais.

Arrivé à l'île du More, Xavier alla droit au premier village. La plupart des habitants avaient été autrefois baptisés; mais il ne leur restait qu'une idée confuse de leur baptême, et leur religion n'était qu'un mélange de mahométisme et d'idolâtrie.

Les barbares, à la vue des étrangers, prirent la fuite, s'imaginant qu'on venait venger la mort des Portugais

qui avaient été massacrés dans l'île les années précé-
dentes. Xavier les poursuivit jusque dans leurs bois, et son
visage plein de douceur leur fit juger que ce n'était pas
un ennemi qui venait à eux. Il leur déclara lui-même le
motif de sa venue et leur parla malavais; car, quoiqu'il y
eût dans l'île du More une telle diversité de langage que
des gens seulement éloignés de trois lieues ne s'entendaient pas, la langue de Malacca y avait cours.

Tout farouches et tout féroces qu'étaient ces insulaires,
ils ne purent résister aux manières aimables de Xavier,
qui les ramena au village en leur parlant avec amitié et
en leur donnant mille marques de bienveillance; puis il
se mit à chanter tout haut la doctrine chrétienne dans les
rues; il la leur expliquait ensuite, et d'une façon si pro-
portionnée à leur barbarie qu'ils concevaient tout parfaitement.

En peu de temps, l'île du More devint pour le saint
apôtre l'île de la divine espérance, comme il voulait
qu'elle fût nommée, et parce qu'on ne devait y attendre
que ce que Dieu y faisait lui-même d'une manière miraculeuse, et parce que les fruits de ses travaux surpassèrent
les espérances qu'il en avait conçues.

Après avoir ainsi évangélisé l'île du More, le saint fit
un voyage à Goa, pour se procurer des missionnaires et
pour régler quelques affaires qui concernaient la Compagnie. Il visita sur la route plusieurs des îles où il avait
déjà prêché.

En s'arrêtant à Malacca au mois de juillet de l'année
1547, on lui présenta un Japonais nommé Anger, qui
avait tué un homme dans son pays, et qui n'avait pu conserver sa vie qu'en s'enfuyant sur un navire portugais;
c'était un homme riche, d'une extraction noble, et âgé
d'environ trente-cinq ans. Cruellement déchiré par les

remords de sa conscience, il ne pouvait goûter aucun repos. Quelques chrétiens, instruits de son état, lui conseillèrent de voir François Xavier, l'assurant qu'il trouverait en lui la consolation qui lui était nécessaire. Le saint reçut le fugitif avec bonté et lui promit la tranquillité d'âme qu'il cherchait ; mais il ajouta qu'on ne pouvait goûter cette tranquillité que dans la véritable religion. Le Japonais fut charmé de ce discours ; et comme il savait un peu de portugais, Xavier l'instruisit des mystères de la foi, et lui proposa de s'embarquer avec ses domestiques pour Goa, où il devait aller bientôt lui-même.

Le vaisseau que monta le saint missionnaire alla droit à Cochin. Il fut assailli, dans le détroit de Ceylan, de la plus violente tempête, et les matelots se croyaient perdus sans ressource. Le saint sort alors de sa chambre où il s'était renfermé pour prier; il demande au pilote la corde et le plomb qui servaient à sonder la mer, les laisse aller jusqu'au fond en prononçant ces paroles : *Grand Dieu, Père, Fils et Saint-Esprit, ayez pitié de nous.* Au même moment le vaisseau s'arrête et le vent s'apaise. La navigation fut dès lors heureuse jusqu'à Cochin , où ils arrivèrent le 21 janvier 1548.

De Cochin , Xavier écrivit aux Pères de la Compagnie qui étaient à Rome, et leur raconta le danger qu'il avait couru dans le détroit de Ceylan.

« Au fort de la tempête, disait-il, je pris pour intercesseurs auprès de Dieu les personnes vivantes de notre Compagnie et ensuite tous les chrétiens.... Je parcourus les ordres des anges et des saints, et je les invoquai tous... Je réclamai surtout la protection de la très-sainte Mère de Dieu, la Reine du ciel.... Enfin , ayant mis toute mon espérance aux mérites infinis de Notre-Seigneur Jésus-Christ, étant protégé de la sorte, je ressentis une joie

plus grande au milieu de cette furieuse tourmente que
quand je fus tout à fait hors de danger. A la vérité,
étant comme je suis le plus méchant des hommes, j'ai
honte d'avoir versé tant de larmes, par un excès de plaisir céleste, lorsque j'étais sur le point de périr. Aussi
priais-je humblement Notre-Seigneur de ne point me
délivrer du naufrage dont nous étions menacés, à moins
qu'il ne me réservât à de plus grands périls pour sa
gloire et pour son service. Dieu, au reste, m'a fait connaître souvent de combien de dangers et de peines j'ai
été tiré par les prières et les sacrifices de ceux de la
Compagnie.... Si jamais je t'oublie, ô Compagnie de
Jésus, que ma main droite me soit inutile et que j'en
oublie moi-même l'usage. »

Le saint, ayant quitté Cochin, alla visiter les villages
de la côte de la Pêcherie. Il fut singulièrement édifié de
la ferveur de la chrétienté qu'il y avait établie. Il demeura quelque temps à Manapar, près du cap Comorin,
et retourna dans l'île de Ceylan, où il convertit le roi de
Condé. Enfin, il partit pour Goa et arriva le 20 mars
1548. Etant dans cette ville, il acheva d'instruire Anger
et ses deux domestiques ; tous trois furent baptisés solen-
nellement par l'évêque de Goa. Anger voulut prendre le
nom de Paul de Sainte-Foi ; un de ses domestiques prit
le nom de Jean, et l'autre celui d'Antoine. Ce fut alors
que le saint forma le projet d'aller prêcher l'évangile au
Japon.

En attendant que la navigation devînt libre, il s'appliqua particulièrement aux exercices de la vie spirituelle,
comme pour reprendre de nouvelles forces après ses travaux passés, et suivant la coutume des hommes apostoliques qui, dans le commerce qu'ils ont avec Dieu, se
délassent des fatigues qu'ils prennent pour le prochain.

C'était alors que, dans le jardin du collége de Saint-Paul, tantôt se promenant, tantôt retiré dans un petit ermitage qu'on y avait bâti , il s'écriait :  « C'est assez , Seigneur, c'est assez. » Quelquefois il ouvrait sa soutane et découvrait son estomac, parce qu'il ne pouvait soutenir l'abondance des consolations célestes.

A cette époque, le P. Gaspard Barzée et quatre autres Jésuites arrivèrent de l'Europe. Xavier leur désigna leur emploi et leur donna des instructions dont ils avaient besoin pour le remplir fidèlement. Il partit ensuite pour Malacca, dans la vue de passer de là au Japon.

Après avoir séjourné quelque temps à Malacca, il s'embarqua sur un vaisseau chinois avec Paul de Sainte-Foi et ses deux domestiques. Ils arrivèrent le 15 août 1549 à Cangoxima, dans le royaume de Saxuma.

Il était déjà connu du roi de Saxuma , qui faisait sa résidence à six lieues de Cangoxima. Paul de Sainte-Foi avait parlé à la cour de son zèle,  de ses vertus et de ses miracles, et il se chargea de lui procurer une audience du roi. Le prince fit à Xavier un accueil aussi gracieux qu'honorable, et lui permit d'annoncer la foi à ses sujets.

Le saint missionnaire, qui s'était initié à l'étude de la langue japonaise, se mit aussitôt à évangéliser le peuple, et il fit un grand nombre de conversions. Sa joie aurait été complète s'il avait pu gagner les bonzes. Il employa, pour réussir, tous les moyens que la charité put lui suggérer ; mais ses efforts furent inutiles. La connaissance qu'il avait de la langue japonaise contribua beaucoup à étendre le christianisme,  et de nouveaux miracles confirmèrent la doctrine qu'il enseignait.

Xavier, après un an de séjour à Cangoxima , ayant rencontré la persécution de la part du roi de Saxuma, partit pour aller à Firando, capitale d'un autre petit

royaume. Le saint missionnaire , arrivé dans cette ville ,
fut bien reçu du prince, qui lui permit d'annoncer la loi
de Jésus-Christ dans ses Etats. Le fruit de ses prédications fut extraordinaire ; il baptisa plus d'idolâtres à Firando en vingt jours qu'il n'avait fait à Cangoxima en une
année entière. Il laissa cette chrétienté sous la conduite
de l'un des deux Jésuites qui l'accompagnait , et il partit
pour Méaco avec l'autre et deux chrétiens japonais. Ils
allèrent par mer à Facata , où ils s'embarquèrent pour
Amanguchi, capitale du royaume de Nangato, renommé
pour ses riches mines d'argent. Il régnait dans cette ville
une effroyable corruption de mœurs. Le saint y prêcha
en public , devant le roi et sa cour ; mais ses prédications
y produisirent peu d'effet, ou plutôt il n'en retira guère
que des insultes et des affronts.

Après y avoir fait plus d'un mois de séjour, il poursuivit son voyage vers Méaco, avec ses trois compagnons,
Fernandez, Matthieu et Bernard. Ils partirent sur la fin du
mois de décembre et par un temps de pluies continuelles.

Les quatre serviteurs de Dieu marchaient à travers
d'horribles chemins, les pieds nus , mal vêtus, chargés
de leurs petits meubles, et sans autres provisions que des
grains de riz rôtis ou séchés au feu. Ils eussent eu abondamment de quoi subsister, si Xavier eût voulu recevoir
l'argent que les marchands portugais de Firando lui
offraient pour les frais de son voyage, ou se servir des
deniers que le gouverneur des Indes lui avait fait tenir au
nom du roi de Portugal ; mais il aurait cru faire injure
à la Providence que de se précautionner contre les be-
soins de la vie.

Le voyage d'Amanguchi à Méaco n'est guère que de
quinze jours lorsque la saison est belle et commode. Le
mauvais temps fit que les quatre voyageurs furent deux

mois en chemin, tantôt passant des torrents rapides, tantôt traversant des plaines et des forêts couvertes de neige, grimpant quelquefois sur des rochers, et roulant quelquefois dans des précipices. L'extrême fatigue causa la fièvre au P. Xavier dès le premier mois, et son mal l'obligea de se reposer un peu à Sacay. Mais à peine fut-il convalescent qu'il se remit en chemin.

Ce qui était le plus fâcheux, c'est que Bernard, qui était leur guide, les égarait souvent. S'étant un jour perdus dans une forêt, et ne sachant plus quelle route tenir, ils rencontrèrent un cavalier qui allait du côté de Méaco. Xavier le suivit, et s'offrit de porter sa malle, afin de l'engager à les tirer de la forêt et de passer sûrement des endroits fort dangereux. Le cavalier accepta l'offre que Xavier lui fit, et cependant alla au grand trot, de sorte que le saint fut obligé de courir derrière lui pendant toute une journée.

Ses compagnons le suivaient de loin, et quand ils furent parvenus au lieu où le cavalier l'avait quitté, ils le trouvèrent si épuisé qu'à peine pouvait-il se soutenir. Les cailloux et les ronces lui avaient déchiré les pieds, et ses jambes s'enflèrent tellement qu'elles s'ouvrirent en plusieurs endroits. Toutes ces incommodités ne l'empêchaient pas de marcher.

Il arriva enfin à Méaco, avec ses trois compagnons, dans le mois de février l'an 1551. Il sollicita vainement une audience des principaux de la ville, et se vit réduit à quitter Méaco au bout de quinze jours, pour retourner à Amanguchi.

La pauvreté de son extérieur l'empêchant d'être reçu à la cour, il crut devoir s'accommoder aux préjugés du pays. Il se fit faire un habit neuf et assez propre des aumônes que les Portugais lui firent, persuadé qu'un homme apostolique doit se faire tout à tous, et que, pour gagner les gens du monde, il faut quelquefois s'accommoder un peu à leur faiblesse.

Dès qu'il fut à Amanguchi, ses présents lui obtinrent une audience du roi et le firent recevoir agréablement. Il obtint ainsi la protection du prince avec la permission de prêcher l'Evangile, et il baptisa trois mille païens dans cette ville. Ce succès le remplit de la plus grande consolation, ainsi qu'il l'écrivit depuis aux Jésuites de l'Europe.

Ce fut pendant son séjour dans cette ville que le saint fut de nouveau favorisé du don des langues. Il se faisait entendre des Chinois que le commerce attirait par là, quoique Xavier n'eût jamais appris leur langue ; mais sa sainteté, sa douceur et son humilité faisaient encore plus d'impression que ses miracles. Les païens les plus opiniâtres ne pouvaient y résister.

Plusieurs qui entrevoyaient la vérité et qui craignaient de la connaître tout à fait, ouvrirent les yeux et reçurent la lumière de l'Evangile ; entre autres, un jeune homme de vingt-cinq ans, fort estimé pour la subtilité de son esprit, et qui avait étudié dans les plus fameuses académies du Japon. Il était venu à Amanguchi pour se faire bonze. Ayant découvert la mauvaise foi des bonzes, il changea de pensée, et demeura fort irrésolu sur le choix d'un état de vie, jusqu'à ce que, convaincu par les raisons de Xavier, il se fît chrétien. On lui donna le nom de Laurent ; et c'est lui qui, ayant été reçu en la Compagnie de Jésus par Xavier même, exerça le ministère de la prédication avec tant d'éclat et de succès qu'il convertit une multitude innombrable de personnes nobles et généreuses qui furent depuis les colonnes de l'Eglise japonaise.

Xavier songeait à retourner aux Indes, afin de choisir lui-même des ouvriers pour le Japon, et son dessein était d'y revenir par la Chine, dont la conversion lui tenait déjà fort au cœur. En traitant tous les jours avec des marchands chinois qui étaient à Amanguchi, il avait compris qu'une nation si polie et si sensée deviendrait aisément chrétienne, et d'ailleurs on lui faisait espérer que, dès que la Chine serait convertie, le Japon suivrait son exemple.

Xavier, après avoir recommandé les nouveaux chrétiens aux deux Jésuites qu'il laissait à Amanguchi, partit de cette ville vers la mi-septembre 1551. Il prit pour compagnons Matthieu et Bernard; deux seigneurs chrétiens voulurent aussi le suivre. On avait confisqué leurs biens depuis peu de jours, en punition de ce qu'ils avaient reçu le baptême; mais la grâce de Jésus-Christ, qui leur tenait lieu de tout, leur rendait leur pauvreté si précieuse qu'ils s'estimaient bien plus riches qu'auparavant. Un autre chrétien se joignait à eux; c'est ce Laurent dont nous avons parlé.

Le Père marcha gaiement avec ses cinq compagnons jusqu'à Pinlaschau, village distant de Fuches d'une lieue ou deux. En arrivant, il sentit toutes ses forces épuisées, ses pieds s'enflèrent, et il fut saisi de grandes douleurs de tête. Matthieu, Laurent et Bernard prirent les devants pour porter de ses nouvelles à un navire portugais qui se trouvait au port de Fuches et que commandait Edouard de Gama. Dès que celui-ci sut que le saint homme était proche, il fit venir tous les Portugais qui trafiquaient à Fuches, et ayant choisi les principaux, il monta à cheval avec eux pour aller lui rendre ses devoirs.

Xavier, qu'un peu de repos avait rétabli, et qui se douta de l'honneur qu'on voulait lui faire, s'était déjà remis en chemin; mais il n'évita pas tout à fait ce qu'il fuyait. La cavalcade le rencontra à un quart de lieue de Fuches, marchant entre les deux seigneurs d'Amanguchi, qui ne l'avaient point quitté, et portant lui-même son paquet.

Gama fut surpris de voir en cet équipage un homme si considérable; et mettant pied à terre avec tous les siens, il lo salua d'une manière très-respectueuse. Après les premiers compliments, on pria le Père de vouloir bien monter à cheval, mais on ne put jamais l'y résoudre; de sorte que les Portugais firent suivre leurs chevaux et marchèrent eux-mêmes à pied jusqu'au port.

Le navire était tout équipé, orné d'étendards et de banderoles, selon l'ordre qu'en avait donné le capitaine. Ceux qui étaient restés à bord firent leurs décharges à la vue du saint, et toute l'artillerie joua aussitôt. Comme on tira quatre fois de suite, le bruit du canon s'entendit si distinctement à Fuches que le peuple en fut effrayé, et le roi s'imagina que les Portugais étaient attaqués par des corsaires qui depuis peu ravageaient ses côtes. Pour s'en éclaircir, il dépêcha un des officiers de sa cour au capitaine de vaisseau.

Gama, montrant le P. François à l'officier du roi de Bungo, lui dit que ce bruit qui avait alarmé la ville n'était qu'une légère démonstration de l'honneur qu'on devait à un si grand personnage, très-chéri du Ciel et très-estimé à la cour de Portugal.

Le Japonais fut ravi en admiration de tout ce qu'il voyait et entendait; il en fit à son prince un rapport fidèle, en ajoutant lui-même que les Portugais étaient plus heureux de posséder ce saint homme que si leur navire était plein de lingots d'or.

Le roi de Bungo avait entendu parler du P. François Xavier, et il désirait ardemment le voir. Le saint se rendit près de lui. Dans des conférences publiques, il confondit les bonzes, qui, par des motifs d'intérêt, cherchaient partout à le traverser, et il en convertit quelques-uns.

Ses prédications et ses entretiens particuliers touchèrent le peuple ; on venait en foule lui demander le baptême. Le roi lui-même fut convaincu de la vérité du christianisme ; il renonça à des crimes abominables auxquels il s'abandonnait, mais un attachement coupable l'empêcha de se convertir. Il se rappela depuis les instructions que le saint lui avait données ; il quitta ses désordres et reçut le baptême (1).

Xavier, ayant pris congé du roi, s'embarqua pour retourner dans l'Inde, le 20 novembre 1551. Il était resté au Japon deux ans et quatre mois. Comme il fallait veiller à la conservation de cette chrétienté naissante, il y envoya trois Jésuites, qui depuis furent suivis par plusieurs autres.

Après avoir navigué pendant six jours le long des côtes, le navire prit la haute mer et fut bientôt assailli par une violente tempête. Tout à coup, au milieu des sifflements de l'ouragan et des ténèbres de la nuit, on entendit un cri lamentable, comme de gens qui se croient perdus et qui appellent du secours. Ce cri partait de la chaloupe, que la violence du vent avait détachée du vaisseau et que les flots emportaient.

Dès que le capitaine s'en fut aperçu, il ordonna au pilote de tourner vers ces malheureux, sans considérer qu'en voulant sauver son neveu, qui était un des cinq Portugais de la chaloupe, il faisait périr le navire et qu'il

(1) La semence de l'Évangile, jetée dans le Japon par saint François Xavier, fructifia au point que, quand la persécution s'y alluma, on comptait dans cet empire quatre cent mille chrétiens. On se flattait enfin de l'espérance de convertir tout le Japon ; mais les choses changèrent bientôt de face. Des persécutions s'élevèrent contre les chrétiens, et une multitude innombrable de fidèles souffrirent le martyre avec la constance la plus héroïque.

se perdait lui-même. En effet, comme le navire était difficile à gouverner lorsqu'on voulut le tourner du côté de la chaloupe, il demeura penché entre deux montagnes d'eau, dont l'une se précipita sur la poupe et inonda le tillac. En ce moment, tous crurent que c'était fait d'eux et poussèrent d'effroyables gémissements.

Xavier, qui était en prière dans la chambre du capitaine, accourut au bruit, et, levant les yeux et les mains au ciel, dit tout haut, dans un transport de ferveur : « Jésus, l'amour de mon âme, secourez-nous, je vous en prie par les cinq plaies que vous avez reçues pour nous sur la croix. »

Aussitôt le navire se releva de lui-même et gagna le dessus de l'eau.

Cependant la chaloupe disparut, et personne ne douta qu'elle n'eût été engloutie dans les flots. Le capitaine pleura son neveu, les autres regrettèrent leurs compagnons. Pour le Père, ce qui l'affligeait davantage, c'était la perte de deux mahométans qui n'avaient pas voulu se faire chrétiens. Alors, rentrant en lui-même, ou plutôt se recueillant tout en Dieu, il eut la pensée d'implorer la protection du ciel sur la chaloupe, au cas qu'elle ne fût pas encore abîmée. Il suivit aussitôt l'inspiration du Saint-Esprit, et sa prière n'était pas finie qu'il se sentit exaucé ; il se tourna alors vers Edouard de Gama, qui était profondément triste, et lui annonça que la chaloupe rejoindrait le navire.

Le capitaine, occupé de sa douleur, voyait trop peu d'apparence à ce que le Père disait pour y ajouter foi. Il ne laissa pas, dès le point du jour, de faire monter sur la hune pour voir si on découvrirait quelque chose ; mais on ne vit rien que la mer toujours fort émue et toute blanche d'écume.

Le Père, qui s'était retiré pour faire oraison, revint deux heures après avec la même gaieté sur le visage, et il leur demanda si on n'avait point vu la chaloupe. Ils répondirent que non. Il pressa ensuite le capitaine de faire monter à la hune pour voir si la chaloupe ne paraissait point. Gama, pour contenter le serviteur de Dieu, y monta lui-même avec un matelot, et, après avoir regardé attentivement de tous côtés durant une demi-heure, ils ne virent rien ni l'un ni l'autre.

Cependant Xavier, à qui l'agitation du vaisseau avait délabré l'estomac, et qui avait été deux jours et trois nuits sans manger et sans dormir, fut attaqué de maux de tête très-violents et pouvait à peine se soutenir. Un des marchands portugais le pria de se reposer un peu et lui offrit pour cela sa chambre. Le saint, qui, par un esprit de mortification, couchait ordinairement sur le tillac, accepta l'offre, et demanda, pour comble de grâce, qu'un valet chinois du marchand se tînt devant la porte de la chambre, afin que personne ne l'interrompît.

Le dessein du Père n'était pas de donner du soulagement à son corps. Il se remit en prière, et on sut, du valet chinois, que depuis sept heures du matin qu'il se retira, il avait été à genoux jusqu'au soir, poussant des soupirs et versant des larmes. Il sortit de sa retraite après le soleil couché, et apprit alors, par le pilote, qu'il y aurait témérité à croire que la chaloupe pût revenir.

Enfin les passagers se lassèrent, ne pouvant souffrir davantage le balancement du vaisseau, et chacun cria : *A la voile.* Le Père leur reprocha leur impatience, se saisit lui-même de l'antenne pour empêcher les matelots de tendre les voiles, et, penchant la tête dessus, éclata en soupirs et en sanglots, et répandit un torrent de pleurs.

Il se releva un peu après, et tenant ses yeux attachés

au ciel encore tout baignés de larmes, « Jésus, mon Seigneur et mon Dieu, dit-il d'un ton pathétique, je vous conjure, par les souffrances de votre sacrée passion, d'avoir pitié de ces pauvres gens qui viennent à nous au travers de tant de périls. »

Il se remit ensuite comme il était, et demeura appuyé sur l'antenne, sans dire mot pendant quelque temps, comme s'il eût été endormi.

Alors un enfant, qui était assis au pied du mât, s'écria tout à coup : « Miracle, miracle, voilà la chaloupe ! »

Tout le monde s'empressa à ce cri de l'enfant, et on aperçut effectivement la chaloupe à une portée de mousquet. Ce ne furent qu'exclamations et cris de joie; la plupart se jetèrent aux pieds de Xavier, et, se reconnaissant pour des pêcheurs indignes de posséder un si saint homme, lui demandèrent pardon de leur incrédulité. Le Père, confus de se voir traiter de la sorte, s'échappa de leurs mains le plus tôt qu'il put, et alla s'enfermer dans une chambre.

Enfin la chaloupe gagna le navire. On remarqua que, quoique les flots fussent fort émus, elle vint droit sans être agitée, et qu'elle n'eut aucun mouvement jusqu'à ce que les quinze hommes qu'elle portait fussent entrés dans le vaisseau et que les matelots l'eussent fixée derrière la poupe.

Le reste de la navigation fut heureux, et on ne vit jamais un temps plus serein. Xavier arriva à Malacca au milieu des réjouissances publiques qu'occasionnait sa présence. Les habitants accoururent en foule sur le rivage; et dès que le saint parut, on n'entendit de toutes parts que cris d'allégresse et d'actions de grâces.

Xavier pensait toujours à la mission de la Chine; mais il ne savait comment passer dans cet empire. Indépendamment de la difficulté de l'entreprise, les Chinois n'aimaient pas les Portugais, et il était défendu aux étrangers d'entrer dans le pays sous peine de mort ou de prison perpétuelle.

Le Père s'entretint à ce sujet avec don Pedro et Sylva, l'ancien gouverneur de Malacca, et avec don Alvarès d'Atayda, qui l'avait remplacé. Il fut arrêté qu'on pourrait envoyer en Chine une ambassade au nom du roi de Portugal, pour demander la permission de faire le commerce dans cet empire, et que si on l'obtenait, les prédicateurs évangéliques n'éprouveraient pas les mêmes difficultés. Les choses en restèrent là pour le moment.

Cependant le saint s'embarqua pour aller à Goa. Il arriva à Cochin le 24 janvier 1552, et y baptisa le roi des Maldives, que ses sujets révoltés avaient forcé de prendre la fuite et de se réfugier auprès des Portugais.

De retour à Goa au commencement de février, il visita les malades des hôpitaux de la ville, et alla ensuite au collége de Saint-Paul, qui était la maison de la Compagnie. Après les embrassements ordinaires, qui furent plus tendres que jamais, il guérit miraculeusement un jeune homme qui était à l'agonie. Ce malade ne désespérait pas lui-même de sa guérison; et le jour que Xavier arriva, il disait d'une voix mourante que si Dieu lui accordait la grâce de voir le bon Père, il guérirait infailliblement.

Les missionnaires qu'il avait dispersés avant son départ se trouvèrent presque tous réunis à son retour. Les uns étaient revenus sur ses lettres et par son ordre; les autres d'eux-mêmes, pour des affaires très-pressantes, comme si le Saint-Esprit les eût rassemblés exprès, afin que la présence de l'homme de Dieu redoublât en eux la ferveur religieuse et le zèle apostolique. Dieu avait béni partout leurs travaux.

# LIVRE V

Xavier régla toutes les affaires de la Compagnie à Goa :
il nomma le P. Gaspard Barzée recteur du collége, envoya de nouveaux prédicateurs dans toutes les missions,
et obtint du vice-roi une commission qui nommait Jacques Pempa ambassadeur près du Céleste-Empire.

L'apôtre, après avoir donné à chacun de sages instructions et des avis paternels, partit de Goa le jeudi saint,
14 avril 1552. Lorsque le navire approcha de Malacca, on
s'aperçut que le saint homme avait le visage triste et soupirait profondément. Quelques-uns lui en demandèrent
la cause, et il leur dit de prier Dieu pour la ville de
Malacca, affligée d'une maladie épidémique. Xavier disait
vrai, et la maladie était si universelle et si contagieuse
qu'elle semblait un commencement de peste.

Jamais la vue de l'homme de Dieu ne fut plus agréable
aux habitants de Malacca. Dès qu'il eut mis pied à terre,
il alla visiter les malades, et il trouva auprès d'eux de
quoi exercer sa charité. Il n'y en avait pas un qui ne
voulût se confesser au P. François et mourir entre ses
bras : quiconque, d'après l'opinion générale, avait ce
bonheur, se sauvait infailliblement.

Il allait, avec ses compagnons, de rue en rue, ramas-
ser les pauvres qui languissaient sur le pavé sans aucun
secours.

Ce qui parut merveilleux, c'est que généralement l'on
ne pouvait servir les malades, assister les moribonds,
enterrer les morts sans être frappé du même mal ni sans
en mourir, et que Xavier et ses compagnons conservèrent
toujours leur santé au milieu de si périlleux emplois.

La résurrection d'un mort vint en même temps augmenter l'admiration et la vénération pour le serviteur de Dieu.

Un jeune homme, nommé François Ciavas, fils unique d'une femme pieuse, qui était depuis longtemps sous la conduite du Père, s'étant, par inattention, mis dans la bouche le fer d'une flèche empoisonnée, mourut tout à coup, tant le poison était subtil et mortel. On l'ensevelissait, lorsque Xavier survint par hasard. Il fut si touché des cris et des larmes de sa mère, que, prenant le mort par la main, il le fit revenir à la vie avec ces paroles : « François, au nom de Jésus-Christ, levez-vous. » Le ressuscité crut, dès ce moment, n'être plus à lui et devoir consacrer à Dieu une existence si miraculeusement recouvrée, et il prit l'habit de la Compagnie.

Dès que la mortalité eut cessé, le saint s'occupa de traiter de l'ambassade et du voyage en Chine, avec don Alvare, gouverneur de Malacca, que le vice-roi chargeait de l'exécution d'une affaire si importante. Don Alvare avait fort approuvé cette entreprise lorsque Xavier lui en fit l'ouverture au retour du Japon ; mais ensuite il s'y opposa si vivement, que le grand vicaire de l'évêque dut punir sa résistance en lançant contre lui une sentence d'excommunication.

Le gouverneur fut depuis déposé, pour ses extorsions et pour d'autres crimes, et conduit chargé de fers à Goa, par l'ordre du roi.

Devant ces difficultés, Xavier, voyant que le projet de l'ambassade ne pouvait avoir lieu, résolut de s'embarquer sur un vaisseau portugais qui partait pour l'île de Sancian, près de Macao, sur la côte de la Chine.

Il y avait sur le navire plus de cinq cents hommes, en comptant les gens de service et les passagers. La traversée avait été fort bonne, lorsque tout à coup le vent tomba, et un calme plat arrêta le vaisseau en pleine mer, comme s'il eût été à l'ancre. Pendant ce calme, qui dura quatorze jours, l'eau vint à manquer, et quelques-uns moururent.

Cependant le navire était rempli de malades qu'une soif cruelle consumait, et ils seraient tous morts sans ressource si l'un d'eux, faisant réflexion que le P. Xavier pouvait tout auprès de Dieu, n'eût communiqué sa pensée aux autres. S'étant tous traînés devant le saint, ils le conjurèrent, avec plus de larmes que de paroles, d'obtenir du ciel de l'eau ou du vent.

Xavier leur dit qu'ils s'adressassent eux-mêmes à Dieu, leur fit réciter les litanies à genoux, au pied d'un grand crucifix, et leur ordonna de se retirer et d'avoir confiance en Jésus-Christ. Il descendit ensuite dans la chaloupe avec un enfant, et, lui ayant fait goûter l'eau de la mer, lui demanda si elle était douce ou salée. L'enfant répondit qu'elle était salée. Il lui ordonna d'en goûter de nouveau, et l'enfant dit qu'elle était douce.

Alors le Père, étant remonté, fit emplir d'eau tous les vases du navire. Quelqu'un, s'empressant de boire, trouva l'eau salée. Le saint alors fit le signe de la croix sur les vases, et au même moment l'eau perdit son goût naturel et devint si bonne, que tous protestèrent qu'elle était meilleure que celle de Bengar, dont les gens de mer faisaient leur provision ordinaire, et qui passait pour la meilleure eau des Indes.

Ce miracle frappa tellement des Arabes sarrasins qui transportaient leurs familles entières à la Chine, que, se jetant aux pieds du saint homme, ils confessèrent le Dieu des chrétiens et demandèrent le baptême.

La plupart des matelots et des passagers gardèrent par

dévotion de cette eau  miraculeuse , d'abord comme une marque du miracle, ensuite comme un remède céleste ; car cette eau,  portée aux Indes,  guérit un grand  nombre de malades , et c'était  assez d'en  mettre  deux ou  trois gouttes dans un breuvage pour recouvrer la santé.

Durant  la navigation , un enfant de cinq ans,  étant sur le bord du navire , tomba dans la mer au  moment  où  le vaisseau , qui avait le  vent en poupe, pencha un peu. Le père de l'enfant, qui était mahométan, ne pouvait se consoler. Xavier, en ayant eu connaissance, s'approcha de lui, disant : « Si Dieu vous rend votre fils, me promettez-vous de croire en Jésus-Christ  et  de  vous  faire  chrétien  de bonne foi ? » L'infidèle le lui promit, et trois jours après, avant le lever du soleil ,  on  vit l'enfant sur le tillac.

L'enfant ne savait pas  ce qu'il était devenu durant ce temps; il se souvenait  seulement  d'être  tombé dans la mer, sans pouvoir dire comment il  était revenu au vaisseau. Son père pensa mourir de  joie en le  revoyant ; et Xavier n'eut pas besoin de faire souvenir l'infidèle de ce qu'il  avait  promis.  Il  vint de lui-même  se présenter, accompagné de sa femme, de son fils et de son valet ; tous quatre furent baptisés, et l'enfant fut nommé François.

Le navire continua sa route  vers Sancian ,  qui n'est éloignée que de six lieues de la terre ferme, vis-à-vis de Canton ,  ville  de la Chine.

Les Portugais le reçurent avec la plus grande joie ; mais leur joie se  changea en  tristesse dès qu'ils surent qu'il n'était  venu à Sancian  que pour passer  en Chine. Ils tâchèrent tous de  le faire renoncer à son dessein, en lui remettant devant les yeux les lois rigoureuses de l'empire. Rien ne fit impression sur l'esprit  du saint ; il avait pris son  parti d'une manière irrévocable , et il  répondit aux marchands ce qu'il écrivit alors au P. François Peret :

qu'il ne pouvait pas se défier de la divine Bonté, et que sa défiance serait d'autant plus criminelle qu'une puissante inspiration du Saint-Esprit le portait à enseigner aux Chinois la loi du vrai Dieu.

Les Portugais, se persuadant qu'une volonté si déterminée ne venait en partie de ce que l'homme de Dieu ne concevait pas assez le péril ou de ce qu'il croyait qu'on lui exagérait trop les choses, lui députèrent des marchands chinois avec qui ils trafiquaient, pour lui faire entendre raison là-dessus; mais la chose tourna tout autrement qu'ils ne pensaient. Ces Chinois, à qui Xavier ne manqua pas de parler du christianisme, et qui étaient des hommes de bon sens, lui conseillèrent d'aller dans leur pays, au lieu de l'en détourner, et lui indiquèrent le moyens propres pour réussir.

Xavier, encouragé à poursuivre son dessein, se choisit d'abord de bons interprètes; mais il eut plus de peine à trouver des matelots qui voulussent le mener, car il n'y allait pas moins de leur vie. Toutefois, un marchand chinois, nommé Capoceca, s'offrit de conduire Xavier dans la province de Canton, pourvu qu'on le payât bien, et il demanda deux cents pardos. Le Père les accorda et obtint cette somme de ses amis. Il ne restait plus qu'à convenir de la manière dont la chose s'exécuterait.

Le Chinois promit de prendre Xavier, la nuit, dans sa barque, et de le jeter, avant le jour, sur un rivage éloigné des habitations. Si néanmoins cette voie ne paraissait pas assez sûre, il s'engageait à cacher le Père dans sa maison, et à l'exposer, de grand matin, aux portes de Canton, quatre jours après. Le Chinois exigeait, de son côté, un secret inviolable, et il obligea le Père à jurer que les plus cruels tourments ne lui feraient jamais dire le nom ni la maison de celui qui l'aurait débarqué.

Le Père promit et fit tout ce qu'on désira, non sans connaître le péril où il s'exposait, ainsi qu'il le manda à un de ses chers amis.

« Je vois, dit-il, deux dangers presque inévitables en cette affaire : d'un côté, il y a grand sujet de crainte que le marchand idolâtre, ayant reçu le prix du passage, ne me jette dans la mer ou ne m'abandonne en quelque île déserte ; d'un autre, que le gouverneur de Canton ne décharge sa fureur sur moi, et que, pour intimider les étrangers, il ne me fasse mourir dans les tourments ou ne me condamne à une prison perpétuelle. Mais, pourvu que je suive la voix qui m'appelle et que j'obéisse au Seigneur, je ne compte pour rien ma liberté et ma vie. »

Le voyage de la Chine était ainsi arrêté et tout semblait le favoriser, lorsque les Portugais de Sancian y mirent un obstacle auquel Xavier ne s'attendait pas. L'amour du gain leur fit craindre que son zèle ne leur attira de méchantes affaires, et ils se disaient les uns aux autres que le mandarin gouverneur de la province de Canton se vengerait sans doute sur eux de la hardiesse d'un de leurs compatriotes ; que l'on viendrait par son ordre piller leurs navires, et que leur vie ne serait plus en sûreté.

Xavier, qui ne ménageait pas moins les intérêts d'autrui qu'il ne négligeait les siens propres, trouva un expédient qui les satisfit. Il engagea sa parole qu'il ne passerait point la Chine qu'ils n'eussent terminé toutes leurs affaires et qu'ils ne fussent partis de Sancian. Cela donna lieu au marchand chinois, avec qui il avait traité, de faire un petit voyage, sous promesse néanmoins de revenir en un temps terminé.

Sur ces entrefaites, le Père tomba malade d'une fièvre assez violente qui lui dura près de quinze jours. Les Portugais prirent de là occasion de lui dire que le Ciel se déclarait contre le voyage de la Chine. Mais, étant guéri, il poursuivit son dessein plus que jamais.

Toujours occupé de cette pensée, il se promenait souvent au bord de la mer, et tournant les yeux du côté de la Chine, il poussait de profonds soupirs.

Cependant tous les navires portugais firent voile vers les Indes, hors *la Sainte-Croix*, qui n'avait pas encore sa charge complète. Xavier donna aux marchands qui partaient diverses lettres pour Malacca et pour Goa. Il écrivit à son ami Jacques Pereyra, en des termes pleins de reconnaissance et de charité. « Dieu vous récompense abondamment, disait-il dans sa lettre, puisque je ne puis le faire moi-même. Du moins, tandis que je vivrai, je ne manquerai pas de prier la Bonté divine qu'elle vous donne, pendant votre vie, sa sainte grâce avec une parfaite santé, et, après votre mort, la félicité éternelle. Mais, comme je suis persuadé que je ne saurais m'acquitter par là des grandes obligations que je vous ai, je supplie tous ceux de la Compagnie qui sont aux Indes de demander à Dieu les mêmes choses pour vous. Au reste, si j'entre dans la Chine et que l'Evangile y entre avec moi, c'est à vous, après Dieu, qu'on en sera redevable. Vous en aurez le mérite devant Dieu et la gloire devant les hommes. »

Tous les vaisseaux portugais étant partis, hors celui qui appartenait au gouverneur de Malacca, ou plutôt dont le gouverneur s'était emparé injustement, Xavier fut réduit à une telle disette de toutes choses qu'à peine pouvait-il trouver de quoi vivre. Certainement il y a lieu de s'étonner que des gens à qui il avait sauvé la vie en changeant l'eau de mer en eau douce, eussent la dureté de le laisser mourir de faim. Quelques-uns ont cru que don Alvare leur avait donné ordre de refuser tout au P. François; mais sans doute que la Providence, qui le voulait éprouver de la manière dont elle éprouve ceux qu'elle aime davantage, permit ce délaissement pour l'entière perfection du saint.

Ce qui le toucha le plus, c'est que l'interprète chinois, qui lui avait fait des offres si avantageuses, retira sa parole. Pour comble de malheur, le marchand qui devait l'introduire dans la Chine ne revint point au temps assigné, et il l'attendit en vain plusieurs jours.

Trompé de ce côté, il ne perdit point l'espérance, et il eut une autre ressource. On avait appris que le roi de Siam, voisin de Malacca et ami des Portugais, préparait pour l'année suivante une magnifique ambassade vers l'empereur de la Chine. Xavier résolut donc de retourner à Malacca par la première occasion, et de mettre tout en œuvre pour passer en Chine avec l'ambassadeur de Siam.

La Sagesse éternelle, qui inspire quelquefois de grands desseins à ses serviteurs, ne veut pas toujours qu'ils les exécutent, quoiqu'elle veuille que, de leur côté, ils n'épargnent rien pour l'exécution.

Dieu traita Xavier comme il traita autrefois Moïse, qui mourut à la vue de la terre où il avait ordre de conduire les Israélites. Le P. François fut saisi de la fièvre le 20 novembre, et il eut en même temps une connaissance certaine du jour et de l'heure de sa mort, comme il le déclara franchement au pilote du navire François d'A-ghiard, qui le déclara depuis avec un serment solennel.

Dès ce moment, il sentit un dégoût extrême pour toutes les choses de la terre, et ne pensa plus qu'à la céleste patrie où Dieu l'appelait. Etant fort abattu par la fièvre, il se retira dans le vaisseau qui était l'hôpital commun des malades, pour mourir en pauvre, et le capitaine Louis Almeyda le reçut, malgré tous les ordres de son maître don Alvare.

Comme l'agitation du vaisseau causait au saint de grands maux de tête et l'empêchait d'être aussi appliqué à Dieu qu'il l'eût voulu, il pria, le jour suivant, Almeyda de le faire remettre à terre. On l'y transporta, et on le laissa sur le rivage, exposé aux injures de l'air et de la saison, surtout à un vent du nord très-piquant qui soufflait alors. Il serait mort là, sans aucun secours, si un Portugais, plus charitable que les autres, nommé Georges Alvarez, ne l'eût fait porter dans sa cabane, qui ne valait pourtant guère mieux que le rivage, et qui était ouverte de toutes parts.

Le mal s'étant déclaré par une douleur de côté fort aiguë et par une grande oppression, Alvarez fut d'avis qu'on saignât Xavier, et le Père y consentit par une déférence aveugle au sentiment de son hôte, bien qu'il sût que tous les remèdes seraient inutiles. Un chirurgien du navire, homme maladroit et peu expérimenté dans son art, le saigna si mal, que les nerfs furent offensés, et que le malade tomba en faiblesse et en convulsion. On ne laissa pas de lui tirer du sang une autre fois, et à la seconde saignée, les mêmes accidents qu'à la première ; outre cela, elle fut suivie d'un dégoût universel, en sorte que le malade ne pouvait rien prendre. Le mal croissait d'heure en heure, et la nature s'affaiblissait chaque jour ; mais son visage était toujours serein et son esprit calme.

Le saint demeura en cet état jusqu'au 28 novembre, que la fièvre augmenta singulièrement ; il ne parla que de Dieu et de son passage à la Chine, et en des termes plus tendres et plus ardents que jamais. Il perdit ensuite la parole, et ne la recouvra que trois jours après. Les forces lui manquèrent alors tout à fait, de sorte qu'on crut à tout moment qu'il allait expirer. Il revint cependant encore à lui-même, et, ayant l'esprit libre aussi bien que la parole, il recommença tout haut ses entretiens avec Dieu. Ce n'était qu'aspirations pieuses, que prières courtes, mais vives et brûlantes. Ceux qui l'assistaient n'entendaient pas tout ce qu'il disait, parce qu'il parlait toujours en latin ; et Antoine de Sainte-Foi, qui ne le quitta point, a rapporté seulement que l'homme de Dieu répétait souvent : *Jesu*, *Fili David*, *miserere mei ;* et ces paroles qui lui étaient si familières : *O sanctissima Trinitas !* Il disait aussi, en invoquant la Reine du ciel : *Monstra te esse Matrem.*

Outre Antoine de Sainte-Foi, il y avait auprès de lui un jeune homme indien qu'il avait amené de Goa. Le saint, tout mourant, jeta les yeux sur ce jeune homme et parut troublé en le regardant ; puis avec un air de compassion, il dit par deux fois : « Ah ! misérable ! » et il versa des larmes. Dieu fit connaître alors au P. Xavier la funeste mort de l'Indien, qui, cinq ou six mois après, s'étant jeté dans des débauches honteuses, fut tué d'un coup d'arquebuse.

Le 2 décembre, qui était un vendredi, ayant les yeux tout baignés de larmes et tendrement attachés sur son crucifix, il prononça ces paroles : *Seigneur, j'ai mis en vous mon espérance, je ne serai jamais confondu ;* et en même temps, transporté d'une joie céleste qui parut sur son visage, il rendit doucement l'esprit, vers les deux heures après midi, l'an 1552.

Il avait quarante-six ans, et il en avait employé dix et demi dans les Indes. Sa taille était un peu au-dessus de la médiocre, sa constitution robuste, son air également agréable et majestueux. Il avait le teint animé, le front large, le nez bien proportionné, les yeux bleus, vifs et perçants, les cheveux et la barbe châtains. Ses travaux continuels le firent blanchir de bonne heure, et il était presque tout blanc la dernière année de sa vie.

Quand on sut que le P. François venait d'expirer, plusieurs du navire, et même des plus dévoués au gouverneur de Malacca, accoururent à la cabane. Ils lui trouvèrent le visage aussi vermeil que s'il eût été vivant, et, à la première vue, ils ne purent presque croire qu'il fût mort. Dès qu'ils l'eurent regardé de près, la piété se rendit en eux maîtresse de tous les autres sentiments, ils se mirent à genoux, lui baisèrent les mains avec vénération, et se recommandèrent à lui les larmes aux yeux, ne doutant pas que son âme ne jouît de Dieu dans le ciel.

Le corps ne fut mis en terre que le dimanche suivant, vers le midi. Ses funérailles se firent sans aucune cérémonie, et hors Antoine de Sainte-Foi, François d'Aghiard et deux autres, personne n'y assista. Un historien des Indes a écrit que le froid insupportable qu'il faisait ce jour-là en fut cause ; mais apparemment la crainte qu'eurent les gens du navire de s'attirer l'indignation du gouverneur de Malacca, y eut pour le moins autant de part que le froid. On lui ôta sa soutane toute déchirée, que les quatre fidèles amis qui lui rendirent les derniers devoirs divisèrent entre eux par dévotion, et on l'habilla de ses habits sacerdotaux.

Georges Alvarez eut ensuite soin de faire mettre le corps dans une caisse assez grande, à la manière des Chinois. Il fit remplir la caisse de chaux vive, afin que, les chairs étant plus tôt consumées, on pût emporter les os sur le vaisseau qui devait dans peu de mois retourner aux Indes.

A la pointe du port, une colonne s'élevait, au pied de laquelle était un petit pré où les Portugais avaient planté une croix. C'est proche de cette croix que le saint fut enterré. On dressa deux monceaux de pierres, l'un du côté de la tête, et l'autre du côté des pieds, pour marquer le lieu de la sépulture.

# LIVRE VI

Deux mois et demi après la mort du saint, le navire qui était au port de Sancian étant sur le point de faire voile vers les Indes, Antoine de Sainte-Foi et Georges Alvarez prièrent le capitaine Louis Almeyda de ne pas laisser dans l'île ce qui restait du P. François.

Un des domestiques d'Almeyda ouvrit le cercueil par l'ordre de son maître, le 17 février 1553, pour voir si les chairs étaient toutes consumées et si l'on pourrait réunir les os; mais, ayant ôté la chaux de dessus le visage, il le trouva frais et vermeil comme celui d'un homme qui dort doucement. Sa curiosité le porta à visiter le corps : il le trouva aussi très-entier et sans aucune marque de corruption; pour s'en assurer davantage, il coupa un peu de chair de la cuisse droite, auprès du genou, et il vit le sang couler. Il courut en même temps dire au capitaine ce qu'il avait vu. Tous aussitôt se transportèrent sur le lieu de la sépulture, et, ayant examiné curieusement le corps de tous côtés, ils le trouvèrent aussi entier et sans aucune corruption. Les habits sacerdotaux dont il était revêtu n'avaient été nullement endommagés par la chaux, et, ce qui étonna le plus tout le monde, le saint corps exhalait une odeur la plus agréable.

Remplis de sentiments de piété, ils remirent sur le corps la chaux qu'on en avait ôtée pour le voir, portèrent au navire ce sacré dépôt, et mirent à la voile peu de temps après, s'estimant heureux de porter aux Indes un si grand trésor.

Ils arrivèrent à Malacca le 22 mars, sans avoir rencontré sur leur route de ces tourbillons terribles qui infestent toutes ces mers. Toute la noblesse et tout le clergé vinrent, avec Jacques Pereyra, jusqu'au rivage, recevoir le corps, chacun un cierge à la main, et ils le portèrent en cérémonie à l'église de Notre-Dame du Mont, suivis d'une foule de chrétiens, de mahométans et d'idolâtres, qui, à cet égard, semblaient tous n'avoir qu'une même religion.

Le seul don Alvare d'Alayde manqua de respect pour le saint : il jouait dans son palais lorsque la procession passa, et, au bruit du peuple, mettant la tête à la fenêtre, il traita la dévotion publique de simplicité et de sottise, après quoi il se remit froidement au jeu. Son impiété ne demeura pas impunie. Pour toutes ses tyrannies, il fut, peu après, privé de son gouvernement, fait prisonnier d'Etat, et mourut misérablement.

Pour Pereyra, qui avait sacrifié tout à la religion, et que le gouverneur avait dépouillé si injustement, le roi don Juan III lui rendit son bien avec usure et le combla de faveurs les années suivantes, selon la prophétie de Xavier.

La dévotion du peuple fut récompensée sur-le-champ. La peste, qui depuis quelques semaines désolait la ville, comme le saint l'avait prédit avant sa mort en écrivant au P. François Perez, cessa tout à coup. Outre la maladie contagieuse, la famine faisait mourir tous les jours une infinité de personnes. Ce second fléau fut détourné au même temps ; car, avec le navire qui était chargé du corps de l'homme de Dieu, divers vaisseaux arrivèrent au port de Malacca et y apportèrent toutes sortes de provisions et de vivres.

Des faveurs si considérables devaient obliger les habitants à honorer leur bienfaiteur d'une sépulture digne de lui. Cependant, soit que la crainte du gouverneur les retint, soit que Dieu le permît pour la plus grande gloire de son serviteur, ayant tiré le corps du cercueil, ils l'enterrèrent hors de l'église, dans le lieu où l'on enterrait ordinairement les gens du commun.

Un peu plus tard cependant, par les soins du P. Beyra, il fut accordé plus d'honneurs à sa sépulture; puis on embarqua le corps pour Goa.

La réception dans cette ville fut aussi brillante que possible, et le vice-roi ne négligea rien pour y donner de la splendeur.

Mais rien ne rendit la pompe plus célèbre que les miracles qui se firent alors; il semblait qu'il s'exhalât de ce sacré corps une vertu salutaire avec une odeur céleste. Plusieurs malades, qui s'étaient fait apporter dans les rues, furent guéris, et quelques-uns mêmes, qui ne purent quitter leur lit, recouvrèrent la santé en invoquant son nom. Jeanne Pereyra fut de ce nombre; après une maladie de trois mois, étant presque à l'extrémité, elle n'eut pas plutôt imploré le secours du saint qu'elle se sentit guérie parfaitement. Une autre jeune fille, qui était déjà à l'agonie, ayant été recommandée par sa mère au serviteur de Dieu, se rétablit tout d'un coup, et se leva en bonne santé, au moment où la procession passait.

A la vue de ces miracles, le peuple publiait tout haut les choses surprenantes qu'on savait du P. Xavier, et chacun célébrait la puissance du Dieu des miséricordes et la gloire de son fidèle serviteur.

Aussitôt qu'on sut en Europe la mort du P. Xavier, on commença à parler de sa canonisation. Le roi de Portugal la sollicita avec zèle, et dans cette vue on fit un tableau des vertus du saint. Nous croyons qu'il sera agréable à nos lecteurs d'en avoir ici un extrait.

———

Les emplois extérieurs ne détournaient pas le P. Xavier de la contemplation des choses divines. Étant à Goa, il se retirait d'ordinaire après le dîner dans l'église, et il s'y entretenait deux heures avec Dieu. Mais comme, dans ce saint commerce avec Dieu, il n'était pas assez maître de lui-même pour régler son temps, il chargea un jeune homme du séminaire de Sainte-Foi, nommé André, de venir l'avertir quand les deux heures qu'il s'était prescrites seraient passées.

Un jour que le Père avait à parler au vice-roi, André, étant allé pour l'avertir, le trouva assis sur un petit siége, les deux mains en croix devant l'estomac et les yeux attachés au ciel. Quand il l'eut contemplé pendant quelque temps, il l'appela ; mais voyant que le Père ne répondait point, il parla plus haut et fit du bruit. Tout cela fut inutile ; Xavier ne remua point, et André s'en alla, se faisant scrupule de troubler le repos d'un homme qui lui paraissait avoir l'air d'un ange et goûter les délices des bienheureux. Il retourna deux heures après, et il le trouva dans l'état où il l'avait laissé. La crainte qu'eut le jeune homme de ne pas faire son devoir s'il s'en allait une seconde fois sans se faire entendre, l'obligea de tirer le Père et de le secouer. Xavier, étant revenu enfin à lui, témoigna d'abord s'étonner que deux heures fussent déjà passées ; mais, ayant su qu'il y en avait plus de quatre qu'il était là, il sortit avec André pour aller au palais du vice-roi. Il était tellement occupé des choses divines et ravi en extase qu'il revint sur ses pas et dit à son compagnon : « Mon fils, nous verrons une autre fois le gouverneur ; Dieu a voulu que cette journée fût toute pour lui. »

Allant une autre fois par les rues de la même ville, il était tellement occupé de Dieu qu'il n'aperçut pas un éléphant furieux qui faisait fuir tout le monde. On eut beau lui crier qu'il se détournât, il n'entendit rien ; l'éléphant passa assez près de lui sans qu'il y prît garde.

Dans ses voyages de mer, il vaquait à l'oraison depuis minuit jusqu'au lever du soleil ; et de là vint que les matelots disaient qu'on n'avait rien à craindre durant ce temps-là, parce que le P. François gardait le vaisseau, et que les tempêtes n'osaient s'élever tandis qu'il parlait à Dieu.

Le Pape lui avait permis, en considération de ses emplois et de ses travaux apostoliques, de dire un bréviaire qui était plus court que le romain et qui n'avait jamais que trois leçons. Néanmoins, Xavier n'usa jamais de sa permission ; au contraire, avant de commencer chaque heure canoniale, il disait toujours l'hymne *Veni Creator*, et on remarquait qu'en la disant son visage s'enflammait, comme si l'Esprit-Saint qu'il invoquait fût visiblement descendu sur lui.

Il célébrait tous les jours le sacrifice de la messe avec le même respect et la même dévotion qu'il le célébra la première fois.

Au milieu d'un entretien avec les personnes du monde, le saint homme était quelquefois appelé vers Dieu par certaines inspirations subites qui l'obligeaient de se retirer ; et, quand on le cherchait, on le trouvait ou devant le Saint-Sacrement ou en un lieu solitaire, abîmé dans une contemplation profonde, souvent suspendu en l'air avec des rayons autour du visage. Plusieurs témoins oculaires ont déposé de ce fait.

Ces ravissements extraordinaires, qui tiennent quelque chose de la gloire des bienheureux, lui arrivaient de temps en temps durant le sacrifice de la messe, lorsqu'il venait de prononcer les paroles de la consécration ; on le vit élevé de la sorte, particulièrement à Malacca et à Méliapor.

Pour entretenir toujours le feu de l'amour divin, il avait sans cesse devant les yeux les souffrances de Notre-Seigneur. Il brûlait de rendre au Sauveur vie pour vie et soupirait ardemment après le martyre.

« Il arrive quelquefois par une grâce singulière de la divine Bonté, dit-il en l'une de ses lettres, que pour le service de Dieu nous courons des périls de mort ; mais il faut se souvenir que nous sommes nés mortels, et qu'un chrétien ne doit rien souhaiter davantage que de mourir pour Jésus-Christ. »

De là venait la joie qu'il avait quand les fidèles répandaient leur sang pour la foi ; et il écrivit aux Pères de Rome, à l'occasion du massacre des Manarois baptisés :

« Il faut nous réjouir avec Jésus-Christ de ce que les martyrs ne manquent pas en notre temps, et le remercier de ce que, voyant si peu de personnes faire un long usage de ces grâces pour leur salut, il permet que le nombre des bienheureux se remplisse par la cruauté des hommes...

» Il est venu de très-bonnes nouvelles des Moluques, dit-il ailleurs dans l'ardeur de son amour ; ceux qui y travaillent souffrent beaucoup et sont continuellement en danger de perdre la vie. Je m'imagine, ajoute-t-il, que les îles du More donneront plusieurs martyrs à notre Compagnie et qu'on les appellera bientôt les îles du Martyre. Que nos frères donc qui désirent de verser leur sang pour Jésus-Christ, aient bon courage et se réjouissent par avance ; car enfin voilà un séminaire de martyrs tout prêt pour eux, et ils auront là de quoi satisfaire leurs désirs. »

Sa charité ne se bornait pas à des sentiments et à des paroles ; elle paraissait dans ses œuvres et s'étendait au service du prochain. Xavier semblait n'être né que pour le soulagement des misérables. Il aimait les pauvres avec tendresse ; et les servir, c'est ce qu'il appelait ses délices.

Il n'avait point honte d'aller par la ville avec un sac sur l'épaule, mendiant du linge pour les soldats qui étaient blessés. Il pansait leurs plaies, et il le faisait avec d'autant plus d'affection qu'elles étaient sales et rebutantes. S'il rencontrait dans les rues quelque pauvre abattu par la maladie ou mourant de faim, il le prenait entre ses bras, le portait à l'hôpital, lui préparait des remèdes et lui apprêtait à manger lui-même.

Quoique tous les malheureux lui fussent fort chers, il assistait particulièrement les prisonniers ; il employait un jour de la semaine en faveur de ceux qui étaient accablés de dettes. S'il n'avait pas de quoi payer entièrement les créanciers, il les apaisait par ses honnêtetés, et les disposait quelquefois à faire remise d'une partie de la somme qui leur était due.

Il disait que rendre le bien pour le mal est se venger d'une manière divine.

Le gouverneur de Comorin l'avait beaucoup persécuté. Voici ce qu'il écrivit à son sujet au P. Mansilla.

« Mon très-cher frère en Jésus-Christ, j'apprends de tristes nouvelles, que le navire du gouverneur est brûlé, que ses maisons l'ont été aussi, qu'il s'est retiré dans une île dépouillée de tout, et qu'à peine a-t-il de quoi vivre. Je vous prie, par la charité chrétienne, d'aller au plus tôt à son secours avec vos chrétiens de Punical ; ramassez tout ce que vous pourrez de barques, et chargez-les de toutes sortes de provisions. J'écris fortement aux chefs du peuple qu'ils vous fournissent toutes les choses nécessaires, surtout de l'eau douce, qui est si rare dans ces îles si désertes. J'irais en personne secourir le gouverneur, si je croyais que ma présence lui fût agréable. »

Il n'est guère possible d'énumérer les îles et les royaumes que Xavier a parcourus et évangélisés. On ne peut pas dire exactement le nombre des infidèles qu'il a convertis ; l'opinion commune est que ce nombre passe sept cent mille. Mais il ne faut pas croire pour cela qu'il les instruisit légèrement ; avant de les baptiser, il leur enseignait à fond les principes de la foi.

Le saint employait divers moyens pour convertir les peuples de l'Orient ou pour affermir leur conversion. Dans les lieux où il prêchait l'Evangile, il plantait de grandes croix sur le rivage de la mer, sur les collines et les chemins publics, afin que la vue de ce signe de salut donnât aux gentils la curiosité de savoir ce que c'était, ou leur inspirât de saintes pensées, s'ils avaient entendu parler de Jésus-Christ.

Comme il ne pouvait pas prêcher toujours, il écrivit plusieurs instructions sur la foi et les mœurs, dans la langue des nations converties, et c'était sur ces instructions écrites que les enfants apprenaient à lire. Le saint composa aussi des cantiques pieux, et bannit par là tous les chants impudiques que les idolâtres savaient avant leur baptême ; les cantiques de Xavier plaisaient tant aux hommes, aux femmes et aux enfants, qu'on les chantait jour et nuit dans les maisons et à la campagne.

Sa confiance en Dieu était inébranlable. Dans les entreprises les plus périlleuses, il espérait tout de Dieu, et c'est ce qui lui faisait tout oser. Voici comment il parle lui-même de son voyage du Japon :

« Nous allons pleins de confiance en Dieu, et nous espérons que, l'ayant pour guide, nous triompherons de ses ennemis. Nous ne craignons pas, au reste, d'entrer en lice avec les savants du Japon; car, que peut savoir de bon celui qui ne connaît pas le vrai Dieu ni son Fils unique Jésus-Christ? Et d'ailleurs, que peut-on craindre lorsqu'on n'a en vue que la gloire de Dieu et de Jésus-Christ, que la prédication de l'Evangile et le salut des âmes?

» Nous ne craignons rien que d'offenser ce Dieu tout-puissant; et pourvu que nous ne l'offensions point, nous nous promettons, avec son secours, une victoire assurée sur nos ennemis. »

A cette confiance, le saint joignait une entière défiance de lui-même avec une parfaite humilité. On ne parlait que de lui dans le Nouveau-Monde; et il avait un si grand pouvoir sur la nature, que c'était, disait-on, une espèce de miracle quand il n'en faisait point. Mais tout cela ne servait qu'à le confondre, parce qu'il ne trouvait en lui-même que son néant, et que, n'étant rien devant ses yeux, il ne comprenait pas que les hommes pussent l'estimer.

Une humilité si solide était dans Xavier le principe d'une parfaite soumission aux ordres divins et à ses supérieurs qui lui tenaient la place de Dieu. Il avait pour le P. Ignace, général de la Compagnie de Jésus, une vénération et une déférence mêlées de tendresse qui passent tout ce que nous en pouvons imaginer.

A la pratique de l'obéissance, il joignait un ardent amour pour les souffrances. Il faisait à pied tous ces voyages de terre, même au Japon, où les chemins sont très-rudes, et il marchait souvent pieds nus dans la saison la plus rigoureuse. Mais il se faisait un bonheur de la souffrance, et on peut l'en croire sur sa parole.

« Les fatigues d'une si longue navigation, dit-il, un long séjour parmi les gentils et dans une terre brûlée des excessives ardeurs du soleil, toutes ces incommodités, étant souffertes comme il faut pour l'amour de Dieu, sont en vérité une source abondante de consolations. Pour moi, je me persuade que les amateurs de la croix de Jésus-Christ vivent heureux au milieu des peines, et que ce leur est une mort de n'avoir rien à souffrir. Car peut-il y avoir une mort plus dure que de vivre sans Jésus-Christ après que nous l'avons une fois goûté, et que de le quitter pour satisfaire nos inclinations? Croyez-moi, il n'y a point de croix pareille à celle-là. Quel bonheur, au contraire, de vivre en mourant tous les jours et en domptant ses passions, pour chercher non nos propres intérêts, mais les intérêts de Jésus-Christ! »

La mortification intérieure était le principe de ces sentiments du saint homme. Dès les premières années de sa conversion, il s'étudia à se vaincre en tout, à dompter sa chair et à conserver la pureté de son cœur.

Un corps si chaste et un cœur si pur ne peuvent être que d'un fidèle serviteur de la sainte Vierge. Xavier l'honora et l'aima toute sa vie avec des sentiments pleins de respect et de tendresse. Ce fut dans l'église de Montmartre consacrée à la Mère de Dieu, et le jour de l'Assomption, qu'il fit ses premiers vœux. Ce fut dans celle de Lorette qu'il eut la première inspiration et qu'il conçut les premiers désirs d'aller aux Indes. Il ne demandait rien à Notre-Seigneur que par l'entremise de sa Mère; et dans l'explication qu'il faisait de la doctrine chrétienne, après s'être adressé à Jésus-Christ pour obtenir la grâce d'une foi vive et constante, il s'adressait pour la même raison à Marie. Il finissait toutes ses instructions par le *Salve Regina*. Il n'entreprenait jamais rien que sous les

auspices de la Vierge, et, dans les périls, il avait toujours recours à elle comme à sa patronne.

Au reste, pour montrer qu'il était son serviteur et
qu'il se faisait gloire de l'être, il portait d'ordinaire un
chapelet pendu au cou ; et afin que les chrétiens s'affec-
tionnassent à dire le chapelet, il en usait le plus souvent
pour opérer des miracles.

———

Telles sont les principales vertus dont le tableau fut
présenté au Saint-Siége.

De nouveaux miracles éclataient de toutes parts.

Le corps du saint, toujours entier, avec une chair
tendre et une vive couleur, était un miracle perpé-
tuel.

Le bruit de tant de merveilles se répandit de l'Orient
par toute l'Europe. Le pape Paul V déclara François
Xavier bienheureux, par une bulle du 25 octobre de
l'année 1619, et Grégoire XV le canonisa le 12 mars
1622.

———

O grand saint ! obtenez de Dieu que la lecture de votre
vie fasse sur nous une profonde impression, et qu'à votre
exemple nous soyons pénétrés de cette grande vérité :
*Que sert à l'homme de gagner l'univers, s'il vient à perdre
son âme ?*

FIN

— Lille. Typ. J. Lefort. 1877 —

LA
# VIE DES SAINTS

16e édition,
révisée, complétée et continuée jusqu'à notre temps

AVEC

Le Martyrologe romain — Un Traité de la canonisation des Saints
Le Panégyrique des Saints et Martyrs du diacre Constantin, tr. par M. Bonnetty
L'Opuscule de Lactance sur la mort des persécuteurs de l'Eglise
Un Traité des fêtes mobiles renfermant le Discours du C. Giraud sur le Sacré-Cœur
Le Catalogue de tous les Saints et Saintes compris dans le Martyrologe

Cinq tables :
Celle spéciale à chaque Tome,
Générale des matières,
Chronologique,
Traits d'histoire, réflexions, propres à être cités dans les Catéchismes,
Cours de lectures et sujets de méditations.

ornée

de deux belles gravures sur acier et d'une vignette initiale
à la première vie de chaque jour.

## 6 volumes gr. in-8° à deux colonnes,
## ou 12 volumes grand in-12

*l'un ou l'autre format :* broché.     .     . 42 »
—     rel. percaline chagrinée.         .   .   . 50 »
—     percal. chagrinée, haute tr. dorée.    . 57 »
—     demi-rel., façon chagrin, tr. jaspée. . 65 »
—     demi-rel., chagrin, pl. dorés, tr. dorée. 75 »

## approuvée

PAR NN. SS. LES ARCHEVÊQUES
DE CAMBRAI — DE LYON — DE TOULOUSE
PAR NN. SS. LES ÉVÊQUES
D'AMIENS, DE LA ROCHELLE, DE POITIERS, DE METZ, DE NANTES, DE MONTRÉAL
et par Mgr D'ORLÉANS, qui a adressé la lettre suivante à l'éditeur :

« Monsieur, laissez-moi vous dire toute la satisfaction que me fait éprouver votre publication si importante de la VIE DES SAINTS. Ce savant ouvrage, avec les améliorations considérables qu'y ont introduites les hommes distingués dont vous vous ê es acquis la collaboration, offre sans contredit une lecture des plus instructives et des meilleures. Je voudrais le voir, pour ma part, au foyer de toutes les familles chrétiennes. On y apprendrait ce qu'on ne sait plus assez aujourd'hui, à connaître et à aimer nos Saints.

Aux nombreuses adhésions Episcopales que vous avez réunies, je suis heureux, Monsieur, de joindre la mienne, et je saisis avec empressement cette occasion de rendre un bien sincère hommage à votre zèle pour la propagation des bons livres »

Orléans, 29 août 1864.                              † F. ÉVÊQUE D'ORLÉANS.

— LILLE. IMP. J. LEFORT. —

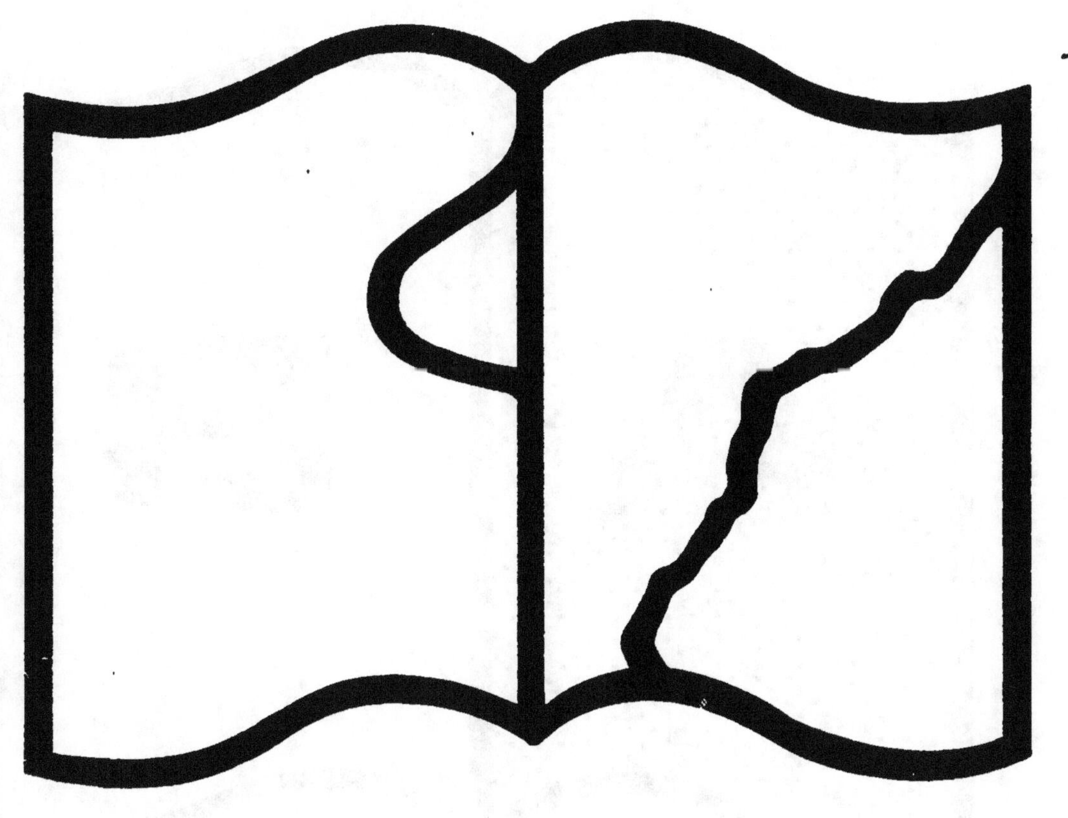

Texte détérioré — reliure défectueuse

**NF Z** 43-120-11

Contraste insuffisant

**NF Z 43**-120-14

www.ingramcontent.com/pod-product-compliance
Lightning Source LLC
Chambersburg PA
CBHW061402060726
47597CB00003B/949